Shruti Thakur

Análise de sentimentos sobre as opiniões dos clientes de um sítio de comércio eletrónico

Shruti Thakur

Análise de sentimentos sobre as opiniões dos clientes de um sítio de comércio eletrónico

Imprint

Any brand names and product names mentioned in this book are subject to trademark, brand or patent protection and are trademarks or registered trademarks of their respective holders. The use of brand names, product names, common names, trade names, product descriptions etc. even without a particular marking in this work is in no way to be construed to mean that such names may be regarded as unrestricted in respect of trademark and brand protection legislation and could thus be used by anyone.

Cover image: www.ingimage.com

This book is a translation from the original published under ISBN 978-620-7-65121-4.

Publisher:
Sciencia Scripts
is a trademark of
Dodo Books Indian Ocean Ltd. and OmniScriptum S.R.L publishing group

120 High Road, East Finchley, London, N2 9ED, United Kingdom
Str. Armeneasca 28/1, office 1, Chisinau MD-2012, Republic of Moldova, Europe
Printed at: see last page
ISBN: 978-620-7-71708-8

RESUMO

A análise de sentimentos invoca o estudo da análise de texto, o processamento de linguagem natural e a linguística computacional para identificar, extrair e estudar cientificamente informações subjectivas dos dados textuais. A análise de sentimentos é uma das áreas de desenvolvimento mais rápido nas ciências informáticas, o que torna difícil acompanhar todos os avanços da disciplina. Uma vez que todas as pessoas têm uma perspetiva diferente sobre as coisas, a análise de sentimentos é atualmente um tema quente. Todos os utilizadores do mundo moderno utilizam uma plataforma da Internet para partilhar regularmente os seus pensamentos, opiniões e comentários. Este tipo de dados pode ser eficazmente extraído utilizando uma variedade de abordagens de aprendizagem automática.

A análise de sentimentos é a técnica de localizar e extrair informações subjectivas de materiais de origem utilizando linguística computacional, processamento de linguagem natural e análise de texto. Os comentários e as redes sociais são locais comuns onde a análise de sentimentos é utilizada para uma série de fins, desde o serviço ao cliente ao marketing.

Classificar a polaridade de um determinado texto ao nível do documento, da frase ou da caraterística - ou seja, determinar se a opinião expressa num documento, frase ou entidade indica que uma caraterística específica é positiva, negativa ou neutra - é um problema fundamental na análise de sentimentos. A análise de sentimentos categoriza a linguagem com base em estados emocionais presumíveis, como "feliz", "triste" e "zangado", antecipadamente.

Os dados utilizados nesta investigação são uma combinação de avaliações de produtos recolhidas de uma fonte de grande reputação chamada Kaggle. Com base nas classificações recolhidas, efectuaremos uma análise de sentimentos. Esta investigação separará e fornecerá uma análise simples das diferentes opiniões sobre os produtos. Os sentimentos positivos, negativos ou neutros podem ser classificados.

O estudo identifica as palavras e os pares de palavras mais frequentemente utilizados como os destaques das conversas. Os resultados do estudo sugerem que a presença das palavras negativas e positivas mais críticas no conjunto de dados ajuda a compreender o estado psicológico do público em geral que utiliza a plataforma de comércio eletrónico Flipkart.

RECONHECIMENTO

De facto, as palavras de ordem são inadequadas, na forma e no espírito, para exprimir o meu profundo sentimento de gratidão e a minha enorme dívida para com o meu respeitado orientador, o Dr. Sandeep Ranjan, Professor e HOD (CSE), CT Institute of Engineering, Management and Technology, Shahpur, Jalandhar, pela sua inestimável e entusiástica orientação, sugestões úteis, paciência infalível e encorajamento constante ao longo do meu trabalho. É uma questão de grande honra mostrar a minha gratidão ao meu supervisor pelo seu grande interesse e pela sua orientação amável e valiosa.

Estou grato ao Dr. Gurpreet Singh, Diretor do CT Institute of Engineering, Management & Technology, Shahpur, Jalandhar, por me ter permitido trabalhar na minha tese para a obtenção do grau de M-Tech (CSE).

Por último e mais importante, continuo em dívida para com os meus pais, os meus simpatizantes e o Todo-Poderoso por terem sempre fé em mim e pelas suas infinitas bênçãos.

(Shruti)

ÍNDICE

CAPÍTULO 1
INTRODUÇÃO

A utilização generalizada da Internet e do comércio eletrónico está a transformar a sociedade global e o seu modo de vida [1]. No passado, quando se comprava um produto, a publicidade e as recomendações de amigos eram fontes de informação importantes. Havia apenas algumas sugestões para comparar produtos comparáveis de outras marcas. Hoje em dia, com o crescimento da indústria do comércio eletrónico, existe uma gama mais vasta de produtos. Sob a forma de análises de produtos, os sítios Web de comércio eletrónico também pedem aos seus clientes que partilhem as suas experiências com os artigos que compraram.

As críticas em linha, que suplantaram o tradicional "boca-a-boca" devido ao aumento explosivo do comércio eletrónico, têm um impacto significativo no comportamento de compra dos clientes e nas vendas de produtos [2]. Os consumidores utilizam as críticas como uma plataforma para criar confiança e efetuar compras informadas, avaliando as experiências de compradores anteriores. Do ponto de vista do fabricante, as valiosas opiniões na Internet são essenciais para identificar as necessidades dos clientes aquando do desenvolvimento de novos produtos ou da introdução de melhorias nos existentes. Os fabricantes podem satisfazer as exigências dos consumidores no mercado-alvo através da recolha de críticas pertinentes na Internet. Além disso, os fabricantes recebem conhecimentos sobre a indústria competitiva e as tendências actuais que afectam as suas escolhas de marketing. Os avaliadores têm uma variedade de alternativas quando se trata de publicar as suas avaliações em sítios Web de retalho como Flipkart.com. Por exemplo, o utilizador pode classificar o produto utilizando comentários abertos de autoria do cliente ou estrelas numéricas, que normalmente variam de 1 a 5. Pensa-se que as avaliações em linha aumentam a fiabilidade de um sítio Web, atraem clientes, melhoram o rácio de acertos e prolongam a permanência dos visitantes na página. As opiniões dos utilizadores em sítios de comércio eletrónico são a única razão para o crescimento das plataformas de descoberta. As opiniões de clientes fiáveis aumentam a base de clientes e fomentam um sentimento de confiança entre os utilizadores inexperientes. As críticas, sejam elas boas ou más, beneficiam os fabricantes e os clientes. O comércio eletrónico avançou significativamente graças ao comércio de grandes volumes de dados. Tornou possível que tanto as grandes indústrias como os consumidores tomem decisões mais inteligentes. Um desses paradigmas, que pode ser utilizado para fazer selecções mais bem sucedidas, são as opiniões online vistas em gigantes do comércio eletrónico como a Amazon e a Flipkart. Estas beneficiam não só os clientes, mas também as empresas que fabricam os produtos. As avaliações na Internet têm o poder de fornecer aos consumidores informações sobre a qualidade, a funcionalidade e as sugestões de um produto, dando aos potenciais clientes uma compreensão abrangente do mesmo. Um desses potenciais inexplorados é a capacidade das avaliações em linha para ajudar os fabricantes a compreender as necessidades dos clientes através da análise de avaliações benéficas. As críticas, tanto as boas como as más, são importantes para determinar as necessidades dos clientes e obter feedback sobre o produto mais rapidamente.

As vantagens da utilização de sítios Web de comércio eletrónico para fazer negócios em linha, como a fidelidade, a entrega mais rápida, a simplicidade de configuração, a poupança de tempo, a relação custo-eficácia e a flexibilidade, são apresentadas na figura 1.

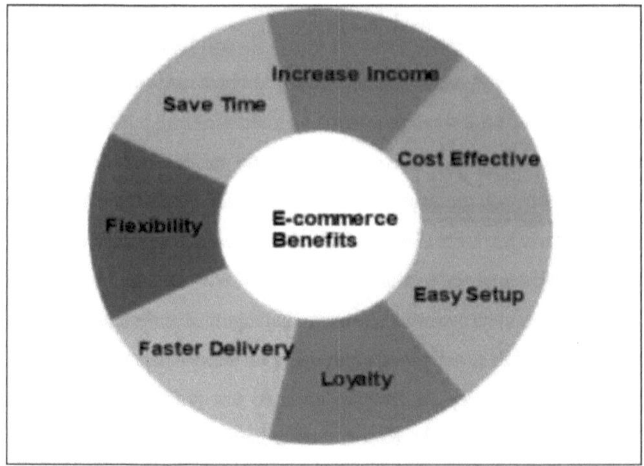

Figura 1.1 Vantagens da utilização do comércio eletrónico [3]

A Índia registou um enorme aumento das compras em linha [4]. Milhões de indianos fazem agora compras em linha devido à maior disponibilidade da Internet, que a tornou um método muito conveniente para fazer negócios. Alguns deles dependem mesmo exclusivamente das compras pela Internet para as suas necessidades quotidianas. As compras em linha têm várias vantagens, nomeadamente Pode escolher entre milhares de produtos. A mercadoria é entregue em sua casa. Uma componente do comércio eletrónico, as compras em linha, por vezes conhecidas como compras electrónicas, permitem aos clientes comprar diretamente bens ou serviços a vendedores em linha. Em 1979, Michael Aldrich criou o conceito de comércio eletrónico. Com o aumento do número de pessoas com conhecimentos de Internet na Índia, o

É possível encontrar críticas engraçadas de clientes em vários sites de comércio eletrónico bem conhecidos, incluindo a Amazon. Trata-se frequentemente de avaliações sarcásticas ou ironicamente brilhantes de objectos de moda ou sem importância. As bebidas espirituosas metiladas apresentadas sob a forma de uma avaliação de um vinho são outro exemplo. Um produto pode tornar-se viral na Internet e obter muitas críticas falsas, o que aumentaria as vendas. Dois exemplos bem conhecidos são a T-shirt Three Wolf Moon e o Tuscan Whole Milk.

OPERADORES DE COMPRAS EM LINHA NA ÍNDIA

Amazon: A Amazon foi fundada por Jeff Bezos em 1994 e a sua sede situa-se em Seattle [7]. O primeiro nome da organização era Cadabra.com, mas foi mudado para Amazon porque parecia um "corpo". A loja tem o nome do segundo riacho mais longo do mundo. A Amazon é uma loja na Web que vende livros, filmes, jogos, DVDs, discos de música, programação para PC, etc. Atualmente, é o maior retalhista baseado na Internet.

Flipkart: Flipkart Pvt ltd é uma empresa indiana de comércio eletrónico sediada em Bengaluru, Índia Fundada por Sachin Bansal e Binny Bansal sénior e júnior no Instituto Indiano de Tecnologia de Deli, e colegas na Amazon em 2007 e a fase inicial da empresa centrou-se na venda de livros antes de se expandir para outros produtos, tais como eletrónica de consumo, moda e estilo de vida e produtos de cuidados domésticos [8]. A Flipkart Private Limited é uma empresa indiana de comércio eletrónico criada em 2007. Começou por se concentrar principalmente na venda de livros em linha e, em breve, expandiu-se para produtos de estilo de vida, eletrónica, artigos essenciais para o lar e mercearias. Atualmente, a Flipkart é o maior mercado indiano em linha, competindo com a líder mundial Amazon. O serviço compete principalmente com a filial indiana da Amazon e com o rival nacional Snapdeal. Em 2020, a quota de mercado da Flipkart era de cerca de 50% da indústria indiana de comércio eletrónico. A Flipkart é significativamente dominante na venda de vestuário. Porque a Flipkart também possui o phone-pe, serviços de pagamento móvel baseados na interface de pagamentos unidos. (UPI). A Flip-kart também lançou a sua gama de produtos de saúde pessoal e electrodomésticos sob a marca "cithin". O primeiro produto vendido foi o livro "Living Microsoft to change the world", comprado por VVK Chandra, de Andhra Pradesh. O Flip-kart emprega atualmente mais de 15 000 a 18 000 pessoas. O Flip-kart permite pagamentos antecipados, como o pagamento contra entrega, e, à noite, no atual cenário, as transacções passaram a ser, na sua maioria, 80 a 90% digitais, apenas devido à pandemia. Atualmente, o flip-kart dispõe de muitas categorias de produtos.

Snap deal: é uma organização indiana de negócios online situada em Nova Deli, Índia. A organização foi iniciada por Kunal Bahl, (um graduado da Wharton como uma caraterística do programa duplo certificado M&T Designing and Business na Penn), e Rohit Bansal, (um antigo estudante do IIT Delhi) em fevereiro de 2010. O negócio instantâneo atualmente tem 275,000 vendedores, norte de 30 milhões de itens e uma gama de 6,000 cidades e comunidades urbanas em todo o país.

Myntra: Myntra é uma organização empresarial indiana de design baseada na Web, com comando central em Bangalore, Índia. A organização foi criada em 2007 por Mukesh Bansal juntamente com Ashutosh Lawania e Vineet Saxena. A Myntra vendia objectos de presente personalizados a pedido. Trabalhou predominantemente no B2B (business-to-plan of action) durante os seus anos de existência.

E-Bay: A E-bay é uma empresa mundial baseada na Internet, que trabalha com transacções C2C e B2B em linha. Uma organização estabelecida em San Jose, Califórnia. O E-Bay foi criado por Pierre Omidyar em 1995. Atualmente, tem um negócio multibilionário com actividades em cerca de 30 países. A organização supervisiona o eBay.com, um site de vendas e compras baseado na Web, no qual indivíduos e organizações comercializam uma grande variedade de mão de obra e produtos em todo o mundo.

Os dados utilizados nesta investigação são uma combinação de avaliações de produtos de vários sítios de comércio eletrónico recolhidos de uma fonte de grande reputação chamada Kaggle. Com base nas classificações recolhidas, efectuámos uma análise de sentimentos. Esta investigação separa e fornece uma análise simples das diferentes opiniões sobre os produtos. Os sentimentos positivos, negativos ou neutros podem ser classificados. O estudo identificou as palavras e os pares de palavras mais frequentemente utilizados como os destaques das conversas. Os resultados do estudo sugerem que a presença das palavras negativas e positivas mais críticas no conjunto de dados pode ajudar a compreender o estado psicológico do público em geral.

CAPÍTULO 2
INQUÉRITO BIBLIOGRÁFICO

A análise do sentimento das críticas foi obtida na Amazon [9]. O algoritmo Naive Bayes apresentou resultados comparativamente melhores do que a técnica Logistic Regression e SentiWordNet. O desempenho destes algoritmos foi medido utilizando métricas de qualidade como Recall, Precision e F-measure. Foi criado um dicionário de sentimentos utilizando dados textuais externos e foram comparados diferentes modelos de classificação, juntamente com um modelo híbrido [10]. Foi criado um modelo híbrido combinando uma Máquina de Vectores de Suporte (SVM) e uma Árvore de Decisão de Reforço Gradual (GBDT) com base na abordagem de Empilhamento, que é uma abordagem de aprendizagem de conjunto normalmente utilizada para combinar diferentes algoritmos de aprendizagem para obter um melhor desempenho. O modelo de base efectuado para verificação foi comparado com o SVM, o GBDT e o modelo híbrido, tendo-se verificado que o modelo híbrido era o mais eficaz.

O método proposto baseou-se num modelo de alinhamento de palavras monolingue (WAM) e, para obter uma melhor qualidade de alinhamento, esta abordagem utilizou um modelo de alinhamento de palavras semi-supervisionado (SWAM) com supervisão do alinhamento [11]. Os resultados mostraram que a taxa de verdadeiros positivos aumenta gradualmente na predição com a técnica SWAM proposta. Os resultados experimentais também mostraram que, utilizando a análise sentimental, o sistema fornece o resultado com maior precisão do que o sistema sem análise sentimental.

O processo de recolha de opiniões de utilizadores finais em linha sobre os produtos ou serviços foi automatizado [12]. Estas opiniões foram depois analisadas com base nos sentimentos expressos sobre características específicas. As opiniões sobre produtos em linha do Flipkart (um popular sítio Web indiano de comércio eletrónico) foram os contributos para este projeto, que o sistema analisou para gerar resultados (para opiniões) que foram ordenados de acordo com várias regiões geográficas. Estes resultados foram também partilhados com os fabricantes para analisar os sentimentos e avaliar a melhoria e a deterioração do produto.

A fiabilidade de um vendedor eletrónico foi medida em várias dimensões, como o produto, o preço e o envio [13]. Isto ajudou os clientes a tomar uma boa decisão de compra junto do utilizador com uma pontuação de confiança elevada. Esta análise foi efectuada utilizando um léxico multidimensional e uma técnica de compensação de sentimentos. A exatidão do método proposto (SenseComp) foi comparada com os métodos manual, de sentimento para dimensão (S2D) e de dimensão para sentimento (D2S). Os resultados da experiência mostraram que a técnica de compensação de sentimentos aumenta a precisão do SenseComp em todas as dimensões, com uma precisão global de 93,60% em comparação com os métodos S2D e D2S.

Foram utilizados vários métodos, incluindo extração, agrupamento e classificação para a análise do sentimento [14]. Utilizando a API do produto Flipkart, é possível extrair facilmente críticas, classificações e outras informações relevantes do sítio Web. Os algoritmos CART e ROCK foram utilizados para classificar as críticas em palavras positivas e negativas a partir dos comentários e, finalmente, determinar qual o produto com a percentagem mais elevada de críticas positivas.

A análise de sentimentos para os produtos Amazon e Flipkart foi efectuada utilizando as técnicas Naive Bayes, Logistic Regression, Sentiment WordNet, Random Forest e K-Nearest Neighbor. Os conceitos utilizados foram os endereços e as críticas [15]. Apresentou um estudo comparativo pormenorizado dos algoritmos e metodologias de análise de sentimentos existentes com base em cinco parâmetros-chave. O estudo também propôs um sistema de análise e resumo de comentários de produtos (Product Comment Summarizer and Analyzer - PCSA). Tratava-se de um analisador de comentários automático e genérico que conseguia encontrar a polaridade dos sentimentos e dos comentários de forma muito eficaz. Resumia os comentários e classificava-os em classes predefinidas de positivos, negativos ou neutros. O resultado foi a avaliação do seu desempenho em termos de classificação de parâmetros, classificadores e precisão.

Para avaliar o sentimento, os investigadores tentaram descobrir a opinião de um cliente através de um texto [16]. Primeiro, pegaram na avaliação e verificaram se a avaliação estava relacionada com o produto específico com a ajuda de uma árvore de decisão. Utilizaram um dicionário de spam para identificar as palavras de spam nas críticas. No Text Mining, são aplicados vários algoritmos e, com base neles, obtêm-se resultados específicos.

Foi criado um modelo de investigação para determinar o impacto de certos factores determinantes da compra em linha na satisfação do cliente no mercado indiano [17]. Foi também referido um modelo concetual desenvolvido no estudo. Vários factores como a segurança, a disponibilidade de informações, o envio, a qualidade, o preço e o tempo foram os determinantes da satisfação do cliente. A Flipkart.com oferece aos seus clientes os melhores preços, bons produtos e uma experiência de compra totalmente descomplicada. O sucesso de uma empresa de comércio eletrónico na Índia depende da sua notoriedade, da sua imagem de marca, das suas políticas únicas e justas, das suas relações com os clientes, etc. As desvantagens incluem a ausência de uma política de devolução adequada do produto, sistemas de pagamento em linha, privacidade pessoal e serviços pessoais de apoio ao cliente.

Foi publicada uma investigação experimental e um modelo sugerido utilizando o método Support Vetor Machine (SVM) [18]. O estudo examinou vários conjuntos de dados de avaliações de produtos para determinar a polaridade das críticas - positivas ou negativas - e os termos associados aos produtos, tais como bom, mau, ótimo e super sucesso. O desempenho dos modelos foi avaliado para determinar a correção do algoritmo de aprendizagem Support Vetor Machine. No final, o algoritmo de classificação Support Vetor Machine supera os outros e atinge uma precisão elevada. As conclusões do estudo mostram que a intenção de um cliente de efetuar uma compra em linha está altamente correlacionada com a sua idade, sexo, educação, nível de preocupação com a segurança, nível de conforto tecnológico e frequência de compras em linha anteriores [19]. O tipo de produto, a frequência das compras e o custo têm um impacto no comportamento de compra do consumidor. Descobriu-se também que as políticas de devolução, reembolso e envio do retalhista em linha influenciam as suas decisões de compra. A metodologia de investigação melhora o conhecimento das variáveis que influenciam o comportamento de compra em linha dos consumidores, ajuda a traçar o perfil dos compradores em linha indianos típicos e pode ajudar os emarketers a criar campanhas de marketing mais direccionadas para aumentar as vendas do comércio eletrónico.

Para compreender melhor as relações entre os vários aspectos e efetuar uma análise de sentimentos num conjunto de dados de avaliações de smartphones que seja benéfica tanto para os designers como para os consumidores, os investigadores concentraram-se na investigação da análise de sentimentos [2]. Com base em dados estatísticos, as três principais marcas do mercado neste momento eram a Apple, a BLU e a Samsung. A marca Samsung obteve as críticas mais favoráveis. Outras observações mostraram que os produtos mais caros nem sempre suscitavam avaliações exaustivas, nem as avaliações pormenorizadas resultavam sempre em classificações mais elevadas. No entanto, foram registadas classificações mais elevadas para os produtos mais caros, o que indica níveis mais elevados de satisfação do consumidor e uma qualidade superior do produto em comparação com os produtos de preço mais baixo. Descobriu-se que as três principais marcas - Apple, Samsung e BLU - tinham uma orientação emocional positiva, juntamente com fortes sentimentos positivos de surpresa, prazer, confiança e expetativa. A classificação dos dados é tão exacta como a exatidão do SVM após a validação cruzada foi equivalente a 84,87%.

A investigação sobre a análise de sentimentos foi realizada dividindo as avaliações de telemóveis em duas categorias: sentimento positivo e negativo [20]. Foram utilizados três modelos de classificação para categorizar as críticas depois de os dados terem sido equilibrados com um rácio aproximadamente igual de avaliações positivas e negativas. Uma comparação dos três classificadores - Naïve Bayes, SVM e Árvore de Decisão - mostra que o SVM tem a maior precisão de previsão. Após a validação cruzada dos resultados de precisão, o SVM obteve a maior precisão dos três modelos, com 81,75%. Foi observado que a percentagem do resultado da análise de sentimentos pode ser a mesma [21]. Em determinadas situações, pode ser interpretado que o programa favorece um determinado sítio Web se apenas um for sugerido, o que não é justificável. Por conseguinte, a decisão do utilizador de comprar num determinado sítio Web é sua. Quando existe uma discrepância significativa entre os conjuntos de treino e de teste, verificou-se que o modelo pode não ser totalmente exato. A precisão do conjunto de treino foi de 90,4%, enquanto a precisão do conjunto de teste foi de 86,3%, o que é uma diferença respeitável, de acordo com os dados.

No conjunto de dados de teste, foram separadas duas secções do histórico de transacções de um utilizador específico para lhe fornecer recomendações [22]. O modelo de probabilidade condicional utilizou a primeira secção, que foi considerada como o histórico de compras, para gerar sugestões. A segunda parte era o item que foi comprado após a primeira e foi considerado como a base para a sugestão. A experiência foi realizada em condições rigorosas, com apenas uma transação na segunda secção. Imaginemos que um utilizador se encontrava perto de uma lista de cupões de desconto oferecidos. Para sugerir as ofertas que têm mais hipóteses de serem aceites, a experiência tentou antecipar a categoria adequada da compra subsequente do utilizador. De acordo com o estudo, cada empresa tinha uma análise sentimental distinta com base na demografia do seu mercado-alvo, e cada uma tirou conclusões diferentes do estudo utilizando uma variedade de características de análise emocional derivadas dos comentários do Twitter [23]. No entanto, uma comparação mostraria que existem variações no comportamento dos clientes da geração do milénio, dependendo da qualidade dos serviços que recebem, ou diferenças nas ligações emocionais. De acordo com o teste Polarity of Sentimental Analytics, a relação entre a Amazon e a Flipkart é tal que existe um maior grau de confiança e alegria, mas um menor grau de raiva, tristeza, medo, nojo e surpresa. Por conseguinte, deduziu-se que as opiniões dos clientes sobre o Big Billion Day Sale da Amazon são mais favoráveis do que as do Big Billion Day Sale da Flipkart durante os meses de setembro e outubro.

Na análise, foram examinadas as opiniões na Internet sobre as máscaras e os desinfectantes da Flipkart e da Amazon [24]. A classificação por estrelas, a duração da avaliação e a utilidade são elementos visuais que transmitem o conteúdo mais rapidamente do que as palavras nas avaliações. No entanto, nenhum estudo comparou as diferenças nestes aspectos entre os dois retalhistas em linha. Foi demonstrado que a distribuição dos atributos das avaliações entre as avaliações das lojas em linha difere significativamente. A duração, a classificação por estrelas e os votos de utilidade das avaliações nos dois sítios Web são diferentes. As avaliações na Amazon e na Flipkart são geralmente diferentes umas das outras e existem também disparidades entre as marcas que vendem. A capacidade dos compradores em linha para mudar de loja é limitada por esta assimetria de informação, uma vez que as distribuições dos atributos das críticas são desconhecidas.

Os resultados do sistema proposto foram verificados e validados pessoalmente em relação a algumas avaliações padrão encontradas no Digit e no GSMArena [25]. Para avaliar o método sugerido, foram utilizados quase 120 itens distintos, incluindo computadores, tablets, smartphones e outros dispositivos electrónicos, como televisores inteligentes e dispositivos portáteis. A precisão do sistema sugerido foi de 88,33%. Além disso, foi observado que o sistema pode não considerar as avaliações dos utilizadores que expressam opiniões através da utilização de emoticons e caracteres invulgares ao calcular as pontuações dos produtos. A análise multiatributos utilizando o modelo de Fishbein revelou que a Amazon tinha uma pontuação global significativamente mais elevada do que a Flipkart [26]. Devido a três factores - variedade de produtos, serviço ao cliente e políticas de devolução e reembolso - as percepções dos clientes da Amazon eram muito melhores do que as da Flipkart, dando à Amazon uma vantagem competitiva. Os consumidores consideram que as duas características mais importantes são a qualidade e os serviços de devolução e reembolso. Embora os reembolsos e as devoluções estejam entre as características mais importantes, a perceção que os clientes têm da Flipkart a este respeito é inferior à da Amazon. O estudo centrou-se nas preferências, nos níveis de satisfação e nos problemas enfrentados pelos compradores e anunciantes em linha da Flipkart [27]. Foram utilizados os dados primários para o estudo. A dimensão da amostra para este inquérito foi de 70, tendo as amostras sido seleccionadas utilizando a técnica de amostragem aleatória. Os resultados da investigação do estudo ajudaram a determinar o grau de satisfação do cliente com base nos produtos e nos sítios Web que os clientes utilizaram. Para este estudo, foi utilizado um questionário padronizado. Neste estudo, procurou-se determinar as razões que levam as pessoas a escolher a Flipkart, bem como se os participantes estão ou não cientes das ofertas e serviços de ponta da empresa.

Uma solução de classificação foi oferecida por Naive Bayes [28]. Para obter resultados mais precisos, utiliza-se a formação e o pré-processamento para os conjuntos de dados. Os problemas com a investigação anterior sobre a análise de sentimentos devem ser resolvidos com esta investigação. Para ultrapassar os erros de classificação na criação de modelos preditivos utilizados para analisar críticas e comentários, é necessária uma técnica mais completa. Os resultados de uma abordagem abrangente de análise de sentimentos híbrida em conjuntos de dados de várias dimensões foram investigados empiricamente neste trabalho. O método de conjunto híbrido (HEM1) é a abordagem mais fiável para os modelos de dados equilibrados I, II e III com base em vários critérios de precisão. Os resultados mostraram que uma combinação composta de trigramas, bigramas e unigramas funciona bem em quase todos os algoritmos de previsão. Os resultados sugeriram que, apesar da capacidade das SVMs para lidar com qualquer grau de desequilíbrio de dados, o desequilíbrio de dados pode ter um impacto na utilização de SVMs em aplicações de previsão de classes em tempo real. Ensaios exaustivos utilizando conjuntos de dados reais e de dispositivos de referência demonstraram a eficiência e a superioridade do processo de ensacamento melhorado em relação a numerosas abordagens alternativas que utilizam várias técnicas de amostragem de dados. Quando se utilizam abordagens combinadas, a PCA é uma estratégia poderosa de redução de dimensão para conjuntos de dados equilibrados e desequilibrados.

Foram apresentadas três métricas: (i) a bondade de um produto, que mede a sua qualidade; (ii) a fiabilidade de uma classificação, que mede a sua fiabilidade; e (iii) a imparcialidade de um utilizador, que mede o grau de confiança do utilizador na classificação dos produtos [29]. Faz sentido que um utilizador seja justo se der consistentemente classificações que se aproximem da qualidade do produto. Foi desenvolvida uma definição destas métricas que é mutuamente recursiva. Também aborda questões de arranque a frio e tem em conta o comportamento do utilizador e do produto. O FairJudge, um método iterativo, foi utilizado para prever os valores das três medidas. Foi demonstrado que o FairJudge tem uma complexidade de tempo linear e que a sua convergência é garantida num número finito de iterações. Foi demonstrado que o FairJudge tem um desempenho muito superior a nove algoritmos existentes na previsão de utilizadores justos e injustos, realizando cinco experiências separadas em cinco plataformas de classificação distintas. 80 pessoas foram reconhecidas com precisão (80% de exatidão) entre os 100 utilizadores mais injustos da rede Flipkart, de acordo com um relatório enviado aos inspectores de fraudes de avaliação. A Flipkart já está a utilizar o algoritmo FairJudge.

CAPÍTULO 3
FORMULAÇÃO DE PROBLEMAS

3.1 Importância e antecedentes

Uma vez que as opiniões têm um impacto significativo nos nossos comportamentos, são essenciais para todas as acções humanas. Temos de estar conscientes das opiniões dos outros quando temos de tomar decisões [30]. As empresas e os grupos precisam sempre de saber o que o público em geral pensa dos seus produtos e serviços. Os clientes interagem socialmente numa variedade de canais em linha, como os sítios de redes sociais baseados na Web, como o Facebook e o Twitter. A interação com os compradores ocorre gradualmente através destas redes sociais baseadas na Web. Este tipo de relacionamento representa uma oportunidade incrível para aprender sobre publicidade. Pessoas de diversas origens, incluindo cor, etnia, orientação sexual e classe, utilizam a Internet para trocar experiências e opiniões sobre quase todos os aspectos da sua vida.

Para além de enviar e-mails, publicar blogues ou fazer comentários em sítios Web de empresas, um grande número de pessoas utiliza sítios de organizações não oficiais para registar os seus pensamentos, comunicar as suas emoções e obter informações sobre a sua vida quotidiana. As pessoas escrevem cartas sobre quase tudo, como filmes, produtos ou actividades sociais. Estes registos são partilhados em comunidades virtuais, onde os compradores se esclarecem e influenciam uns aos outros. Estes registos oferecem aos anunciantes conhecimentos profundos sobre as tendências comportamentais dos consumidores e um fluxo constante de informações sobre os sentimentos e as percepções dos clientes, à medida que surgem, sem perturbações ou provocações.

No entanto, uma vez que a informação está dispersa, confusa e dividida, o atual crescimento do material produzido pelo cliente em plataformas de redes sociais está a colocar desafios especiais à recolha, análise e interpretação de conteúdos escritos [31]. Uma técnica de extração de informação que pode contornar estes problemas é a investigação de opiniões, que separa e analisa de forma eficiente e rápida os dados baseados na Web. Apesar dos desafios colocados pela quantidade e pela estrutura da informação, os publicitários podem determinar continuamente as emoções e os estados mentais dos consumidores utilizando a análise das conclusões. Há duas razões pelas quais este estudo está entusiasmado com a utilização da análise de sentimentos como uma ferramenta para promover ferramentas de investigação. As organizações são fortemente encorajadas a utilizar a análise de sentimentos para determinar o que os consumidores gostam e odeiam nas suas ofertas e na perceção da marca. Além disso, a análise dos dados da indústria e da organização tem de apoiar a tomada de decisões.

3.2 Níveis de análise de sentimento

A análise de sentimentos examina os pontos de vista, as avaliações, os sentimentos e as atitudes das pessoas em relação a determinadas pessoas, grupos, bens, filmes, problemas, ocasiões, etc. [32]. A análise de sentimentos, que inclui o processo de identificação e extração de sentimentos/opiniões do texto e a categorização do seu sentimento, é uma área de estudo fundamental no âmbito do processamento de linguagem natural (PLN).

3.2.1 Nível de fichas

A palavra mais curta que pode ser construída com letras inglesas é a definição literal do termo token em inglês. Este nível, como o próprio nome indica, é o nível fundamental em que o Opinion Mining é efectuado apenas com base em cada token ou frase. A primeira metade da declaração aponta para uma atitude ou resposta negativa, enquanto a segunda parte exprime um sentimento positivo, pelo que a frase não pode ser totalmente positiva ou negativa. Neste caso, o sistema de aprendizagem automática identificaria este texto como neutro, mas como humano, pode ver que a reação é maioritariamente favorável. Nestas situações, necessitamos de um nível simbólico de extração de opiniões, em que dividimos a frase em partes geríveis, eliminamos palavras supérfluas, pré-processamos o texto e, finalmente, categorizamos a afirmação como positiva, negativa ou neutra.

3.2.2 Nível do documento

Esta é a fase final em que o Opinion Mining pode ser utilizado [33]. Avalia os artigos com base no nome. Todo o artigo foi examinado a este nível e foi classificado como transmitindo um ponto de vista bom ou negativo. Utilizando esta estratégia, é avaliada uma única análise de um produto para determinar as opiniões sobre o mesmo produto. As opiniões são expressas sobre um determinado assunto. Este nível não funciona se um documento tiver várias críticas de produtos, uma vez que não é pertinente para documentos com diferentes tipos de críticas de produtos.

Nesta categoria, todo o documento é classificado como bom, negativo ou neutro. Exemplos de documentos em que tratamos todo o documento como uma única unidade antes de tentar categorizá-lo são as críticas de livros e as descrições pormenorizadas de filmes. Para processar os dados e avaliar o resultado, estão disponíveis muitos algoritmos de aprendizagem automática. O fluxograma seguinte pode ajudá-lo a compreendê-los.

3.2.3 Nível da frase

Este nível de trabalho consiste em olhar para as frases e analisá-las para ver se incluem um ponto de vista neutro, positivo ou negativo. Este nível divide as frases em categorias objectivas e subjectivas, de uma forma semelhante à Classificação da Subjetividade. As frases designadas como frases objectivas e frases subjectivas, respetivamente, encontram-se tanto em informações factuais como subjectivas.

Este nível diz respeito principalmente às frases e serve como principal ponto de entrada para o processo de extração de opiniões. Existem muitos tipos diferentes de frases em inglês, incluindo frases declarativas, imperativas, simples, compostas, complicadas, interrogativas, imperativas e exclamativas. A título de exemplo, "Ele é um bom rapaz." é uma frase breve e concisa que exprime positividade sem ambiguidade. No entanto, uma frase como "És um bom jogador, mas estou muito desiludido por teres chumbado no exame" é um exemplo de uma frase difícil em que a presença de muitas emoções impede o modelo de prever com precisão o estado de espírito. Outro exemplo pode ser: "O cliente aceitou a nossa proposta e assinou um contrato connosco, apesar de a apresentação não ter sido muito boa, ele estava feliz". "Esta é uma ilustração de uma frase composta-complexa, que contém mais de duas frases. Um ser humano pode agora identificar corretamente o sentimento dizendo que, em geral, a frase é positiva porque o objetivo foi alcançado, mas pode ser difícil para uma máquina classificar este tipo de frases como positivas, negativas ou neutras com um elevado grau de precisão e exatidão.

3.2.4 Nível de parágrafo

Este nível, que vem depois do nível da frase, calcula os sentimentos tendo em conta todo o parágrafo. Com os comentários, as críticas e o feedback das redes sociais a tornarem-se cada vez mais populares, estas fontes são úteis para analisar a extração de opiniões ao nível do parágrafo. Atualmente, a análise ao nível do parágrafo também pode considerar as legendas de uma publicação.

3.2.5   Nível de aspeto

A extração de opiniões e a sumarização com base em características estão incluídas na análise de sentimentos ao nível dos aspectos, também conhecida como análise de sentimentos ao nível das características. É crucial determinar as razões exactas pelas quais as pessoas gostaram ou não gostaram deste nível. Este grau de análise de sentimentos é mais pormenorizado. O nível de aspeto examina o ponto de vista diretamente e não através de documentação ou frases. O resultado deste nível incluirá a entidade, o seu aspeto, a opinião do detentor da opinião e o tempo. O Samsung J7, por exemplo, oferece a melhor qualidade de câmara. Neste momento, a câmara do Samsung J7 é um elemento que transmite positividade. O ator, a representação, as acções e as cenas específicas de um filme são alguns dos elementos importantes da análise de sentimentos ao nível do aspeto.

3.3   Técnicas de análise de sentimentos

A análise de sentimentos nas redes sociais tem sido objeto de várias metodologias. Estes métodos podem ser divididos em três grupos principais: métodos híbridos, métodos lexicais e métodos de aprendizagem automática. A Figura 1.1 mostra as técnicas de análise de sentimentos.

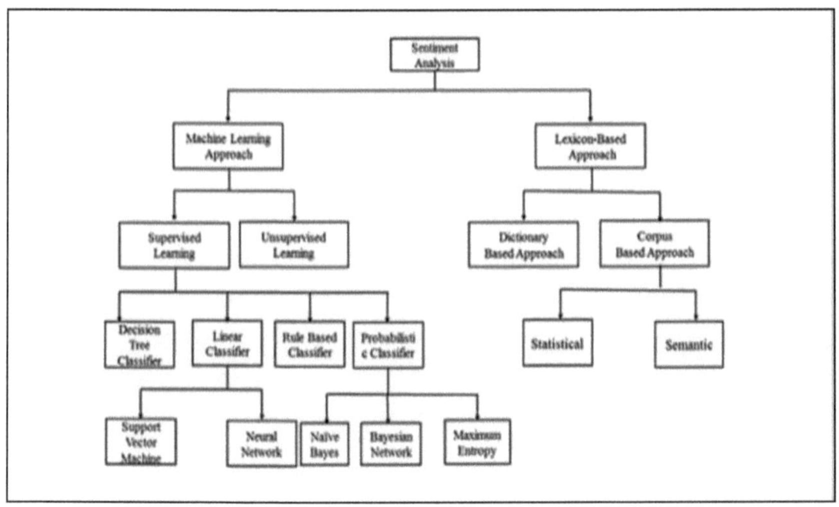

Figura 3.1: Técnicas de análise de sentimentos [5]

3.3.1 Técnicas de aprendizagem automática

Podem ser utilizadas três categorias principais para categorizar melhor as abordagens de aprendizagem automática: técnicas supervisionadas, não supervisionadas e de aprendizagem profunda. Estes métodos e os vários algoritmos utilizados na análise de sentimentos são apresentados nas subsecções seguintes.

3.3.2 Técnicas de aprendizagem supervisionada

Para treinar o modelo, podem ser aplicadas técnicas de aprendizagem supervisionada quando estão disponíveis dados rotulados. As duas fases que são utilizadas neste contexto são a formação do modelo e a previsão de novos casos. O conjunto de dados rotulados é introduzido no algoritmo de classificação durante a fase de formação, e o algoritmo gera um modelo como resultado [34]. O modelo recebe então os dados de teste para prever a classe das instâncias recém-descobertas.

A análise de sentimentos tem utilizado estas abordagens; por exemplo, alguns investigadores criaram um conjunto de treino utilizando emoticons e hashtags e, em seguida, utilizaram os emoticons como rótulos de classe para determinar a polaridade das publicações nas redes sociais [35]. Um algoritmo desenvolvido por Pang et al. determina a probabilidade de cada frase no conjunto de dados de treino, que é derivado de críticas de filmes e utilizado para determinar se uma crítica é boa ou não. O algoritmo divide a frase recém-classificada em características de palavras distintas depois de classificar a nova instância de dados. O modelo construído calcula então a probabilidade condicional das características combinadas para prever a sua classe utilizando as probabilidades que foram determinadas durante a fase de treino [36]. Além disso, para melhorar a análise de sentimentos baseada em aspectos de avaliações de hotéis árabes, foi utilizada a técnica da Rede Bayesiana [37]. A dependência entre as frases é apresentada como um gráfico acíclico-dirigido com nós que representam as palavras como variáveis e arestas que mostram a relação entre essas variáveis. A técnica da máquina de vectores de apoio (SVM) reduz o limite superior dos erros de classificação utilizando o hiperplano para proporcionar a maior separação entre classes com a margem máxima do hiperplano.

Com várias técnicas de ponderação, incluindo a frequência de termos - frequência inversa de documentos (TF-IDF), a ocorrência de termos e a ocorrência binária, que utilizam o qui-quadrado como método de seleção de características, pode ser utilizada para reduzir a dimensionalidade e remover o ruído [38]. O insight oculto na opinião popular foi interpretado pelo uso de dados do Twitter. Foi utilizado para categorizar os sentimentos dos tweets do Twitter e identificar se eram favoráveis ou desfavoráveis. Vários tipos de conjuntos de dados foram submetidos à técnica da árvore de decisão, que envolve a segmentação dos dados de treino em partes mais pequenas e a utilização desses segmentos para encontrar padrões ocultos que são depois utilizados para classificação [39]. Além disso, os documentos do corpus da Reuters são utilizados como um conjunto de dados de treino na Rede Neural Artificial (RNA) para categorização de texto.

3.3.3 Técnicas de aprendizagem não supervisionada

Em certas áreas de domínio, pode ser simples recolher dados não rotulados, razão pela qual estas estratégias são utilizadas. As categorias das frases são determinadas pelas palavras-chave. Um método utilizado para efetuar a análise de sentimentos em dados não etiquetados são os algoritmos de agrupamento. Estes métodos podem ajudar a classificar as mensagens de sentimento dos utilizadores em três categorias: neutras, negativas e positivas.

Para efetuar o agrupamento e fornecer um número adequado de clusters num tempo de execução adequado, foram utilizados algoritmos de agrupamento [40]. Para efetuar a análise de sentimentos, os tweets foram também categorizados em tweets positivos e negativos utilizando um método não supervisionado baseado no agrupamento espetral [41]. Para efetuar uma análise de sentimentos baseada em aspectos, que se concentra na obtenção e classificação de pontos de vista gerais sobre as características de um determinado bem ou serviço, foi criada a técnica baseada em agrupamentos [42]. Muitos dos métodos de agrupamento de aspectos são monolingues e necessitam de aplicações multilingues. Este programa efectua a análise de sentimentos em muitas línguas e classifica semanticamente as características relacionadas.

3.3.4 Técnicas de aprendizagem semi-supervisionada

O tipo híbrido de aprendizagem automática conhecido como aprendizagem semi-supervisionada ocorre quando uma parte da informação é totalmente desorganizada, mas a restante tem uma etiqueta associada. Reduz os problemas dos modelos de aprendizagem supervisionados e não supervisionados e é frequentemente aplicado em situações em que o conjunto de dados é enorme e tem uma etiqueta correspondente. Uma técnica que pode ser usada para criar modelos semi-supervisionados em situações em que há grandes quantidades de dados e rótulos associados é o agrupamento.

3.3.5 Técnicas de aprendizagem profunda

As técnicas de aprendizagem profunda são abordagens multicamadas que modificam as camadas ocultas da rede neural [43]. A forma como estes métodos abordam o processo de extração de características distingue-os de outros métodos de aprendizagem automática. Enquanto as técnicas de aprendizagem profunda aprendem e extraem características automaticamente para obter uma elevada precisão no processo de aprendizagem, as abordagens de aprendizagem supervisionada e não supervisionada extraem características manualmente ou através de um método de extração de características.

Uma das melhores soluções disponíveis atualmente para muitos problemas de análise de sentimentos é a aprendizagem profunda. As redes neurais profundas (DNN), as redes neurais convolucionais (CNN) e as redes neurais recorrentes (RNN) são as três principais categorias em que se enquadram. Outras abordagens que se baseiam em metodologias integradas incluem a Rede Neuronal de Crença, a Rede Neuronal Recursiva e as Redes Neuronais Híbridas.

A DNN é um modelo matemático intrincado de várias camadas que possui várias camadas ocultas com diversas capacidades de processamento de dados. A DNN é constituída por três níveis: uma camada de entrada que contém os dados de entrada, outras camadas ocultas que alojam neurónios, que são nós de processamento, e uma camada de saída que contém um ou mais neurónios, cujas saídas são os resultados da rede [44]. Foi utilizado um classificador associado a um modelo de incorporação de palavras e a um algoritmo de aprendizagem automática linear para aplicar um modelo DNN melhorado à análise de sentimentos nas redes sociais [45].

Além disso, um tipo específico de rede neuronal denominado CNN é utilizado na visão por computador, nos sistemas de recomendação e no processamento de linguagem natural (PNL), entre outros domínios [46]. As entradas para a camada de classificação consistem nas camadas de agrupamento ou subamostragem e nas camadas convolucionais. Tem sido utilizada para gerir enormes volumes de dados não estruturados, o que constitui um procedimento difícil. A CNN tem sido utilizada para estudar redes neuronais feedforward com várias camadas ocultas.

3.3.6 Técnicas de classificação

São utilizadas diferentes tácticas para categorizar dados não rotulados através do desenvolvimento de sistemas de classificação no domínio da aprendizagem automática. É possível que os classificadores necessitem de dados de treino. Naive Bayes [47], Maximum Entropy [48] e Support Vetor Machine [49] são alguns tipos de classificadores de aprendizagem automática. Por necessitarem de dados de treino, incluem-se na categoria de técnicas de aprendizagem automática supervisionada. É de salientar que as previsões futuras serão mais simples se um classificador for treinado com êxito.

Naive Bayes

Com fortes pressupostos de independência (ingénua) entre as características, esta técnica de classificação baseia-se no Teorema de Bayes. Um classificador Naive Bayes prevê que não haverá correlação entre a proximidade de uma determinada caraterística (elemento) e a proximidade de outros elementos da classe. Por exemplo, um fruto orgânico com uma cor vermelha, uma forma redonda e uma largura de cerca de cinco centímetros pode ser classificado como uma maçã. Como este fruto natural é provavelmente uma maçã, um classificador Naive Bayes consideraria estes atributos independentes, independentemente do facto de estas características dependerem umas das outras ou da existência de outras características.

Para além de ser simples, o algoritmo Naive Bayes demonstrou ter um desempenho superior a esquemas de ordenação ainda mais avançados. A equação 1 é utilizada como uma técnica de cálculo, conhecida como hipótese de Bayes, e pode ser utilizada para separar a probabilidade P(a|b) de P(a), P(b) e P(b|a):

$$p\,\frac{a}{b} = [p\,(\frac{b}{a}) * p\,(a)]\,/p\,(b) \tag{1}$$

Em que $p\,(\frac{a}{b})$ é a probabilidade a posteriori da classe a dado o fator de previsão b.

$p\,(\frac{b}{a})$ -j é a verosimilhança que é a probabilidade do preditor b dada a classe a.

A probabilidade prévia da classe a é designada por p(a) e a probabilidade prévia do preditor p é designada por p(b). O Naive Bayes é amplamente utilizado na tarefa de classificar textos em várias classes e foi recentemente utilizado para a classificação da análise de sentimentos.

Entropia máxima

O classificador de entropia máxima (MaxEnt) estima a distribuição condicional de uma classe marcada a dado um registo b utilizando um tipo de família exponencial com um peso para cada restrição. O modelo com entropia máxima é o modelo da família paramétrica PMaxEnt *(-j* que maximiza a verosimilhança.

Métodos numéricos como o escalonamento iterativo e a otimização quase-Newton são normalmente utilizados para resolver o problema de otimização. O modelo é representado pela equação 2

$$P_{MaxEnt}\left(\frac{a}{b}\right) = \exp[\sum i \; ai \; fi(a.b)/\sum a \; \exp[\sum i \; ai \; fi \; (a,b)] \tag{2}$$

em que a é a classe e b é o fator de previsão. O peso do vetor é denotado por ai.

3.3.7 Técnicas de léxico

Os léxicos são colecções de símbolos, a cada um dos quais é atribuída uma pontuação pré-determinada que denota o carácter neutro, positivo ou negativo do texto [50]. Os símbolos recebem uma pontuação com base na sua polaridade, que pode ser +1, 0, - 1 para positivo, neutro ou negativo, ou com base na força da polaridade, com um intervalo de valores de [+1, - 1], em que + 1 indica extremamente positivo e - 1 indica altamente negativo. Na Abordagem Léxica, a soma das classificações de tokens positivos, negativos e neutros é feita de forma independente para uma avaliação ou conteúdo específico.

No passo final, é atribuída ao texto uma polaridade global, que é determinada pelo maior valor de cada pontuação. Como resultado, o documento é primeiro dividido em tokens, que são constituídos por uma única palavra. De seguida, a polaridade de cada token é determinada e combinada na conclusão.

Para a análise de sentimentos ao nível das características e das frases, o método baseado no léxico é bastante praticável. Pode ser referido como uma abordagem não supervisionada porque não são necessários dados de formação. Por outro lado, a dependência do domínio é a desvantagem fundamental deste método, uma vez que as palavras podem ter vários significados e interpretações, fazendo com que um termo seja positivo num domínio mas negativo noutro. Por exemplo, a palavra "pequeno" nas frases "O ecrã da TV é demasiado pequeno" e "Esta máquina fotográfica é extremamente pequena" é negativa porque as pessoas geralmente preferem ecrãs grandes, mas na segunda frase é positiva porque o tamanho pequeno da máquina fotográfica facilita o seu transporte. Este problema pode ser resolvido criando um novo léxico específico para um determinado tópico ou modificando uma linguagem já existente [51]. O método baseado no léxico utiliza principalmente lexemas, que são palavras ou tokens. Os símbolos da frase são divididos e processados. Estes comentários podem ser classificados como opiniões positivas ou negativas.

A classificação da abordagem baseada no léxico é a seguinte

- Abordagem baseada no corpus

Entrou em cena para resolver os problemas com o método baseado em dicionário. Em comparação com as abordagens baseadas em dicionário, é menos eficaz, uma vez que a criação de um grande corpus que englobe termos ingleses é um esforço difícil.

* Abordagem baseada em dicionário

Não é capaz de localizar opiniões centradas num domínio específico [52]. É mais eficiente do que o método baseado em corpus. Utiliza um dicionário que contém todos os sinónimos e antónimos de cada termo.

3.3.8 Técnicas híbridas

Foram incorporadas várias estratégias num vasto conjunto de trabalhos para melhorar a análise de sentimentos [53]. Algumas destas estratégias híbridas serão apresentadas nos parágrafos seguintes. O método apresentado foi criado para analisar comentários relacionados com o mesmo assunto para extrair informações contextuais relevantes. A orientação semântica de uma determinada opinião foi confirmada utilizando medidas de semelhança semântica.

Ao utilizar normas linguísticas para efetuar a orientação semântica de opiniões dependentes do contexto, considera-se que as opiniões são contextuais. Em seguida, recolheu dados contextuais de outras avaliações para a mesma caraterística do produto para avaliar opiniões que dependem do contexto. Peng e Shih estudaram uma técnica de aprendizagem não supervisionada que extrai as frases de sentimento de cada avaliação utilizando regras de padrão de parte do discurso (POS).

Utilizaram cada palavra de sentimento desconhecida como uma consulta para identificar os N melhores excertos pertinentes para cada frase de sentimento [54]. Os sentimentos previstos de frases de emoção desconhecidas foram calculados após a compilação do sentimento do léxico. Os sentimentos preditivos foram então encontrados através da análise dos sentimentos de frases de sentimento conhecidas próximas dentro dos snippets. Limitaram a sua análise a frases com pelo menos um termo de sentimento identificado para extrair opiniões.

3.4 Aplicações

A análise de sentimentos tem uma vasta gama de utilizações, como examinar o sentimento do consumidor e avaliar a saúde mental de um paciente com base em publicações feitas nas redes sociais. Além disso, a análise de sentimentos tem agora uma maior variedade de aplicações em quase todas as disciplinas devido aos avanços tecnológicos como a cadeia de blocos, a IoT, a computação em nuvem e os grandes volumes de dados. Alguns domínios e sectores importantes em que a análise de sentimentos é aplicada são descritos a seguir:

i. Análise de negócios

No domínio da inteligência comercial, a análise de sentimentos tem várias vantagens [55]. As empresas podem também utilizar os dados da análise de sentimentos para explorar os comentários dos clientes, melhorar os produtos e criar campanhas de marketing criativas. No domínio do business intelligence, a análise de sentimentos é mais frequentemente utilizada para examinar a opinião dos consumidores sobre determinados serviços ou bens.

No entanto, os clientes também podem utilizar estes estudos para avaliar produtos e fazer selecções mais informadas, pelo que não são apenas úteis para os fabricantes de produtos. A análise de sentimentos tem várias vantagens para o business intelligence. As empresas podem utilizar os resultados da análise de sentimentos, por exemplo, para melhorar os produtos, analisar o feedback dos clientes ou criar novas estratégias de marketing.

ii. Estudos de mercado e análise da concorrência

Para além dos estudos de opinião pública e da monitorização da imagem de marca, os estudos de mercado são, sem dúvida, a utilização mais popular da análise de sentimentos. A análise de sentimentos é utilizada para comparar esforços de marketing e identificar a empresa que se está a destacar da concorrência. Pode ser utilizada para construir uma imagem abrangente da base de consumidores de uma marca e dos seus rivais.

A análise de sentimentos tem o potencial de reunir informações de muitas fontes, como blogues, Facebook e Twitter, fornecer resultados mensuráveis e ultrapassar obstáculos na inteligência empresarial.

iii. Gestão da reputação

A utilização da investigação de sentimentos numa variedade de mercados permite a gestão da reputação e a monitorização da marca. As marcas de moda, as empresas de marketing, as empresas de TI, as cadeias de hotéis, os meios de comunicação social e outras empresas podem beneficiar da avaliação das percepções dos consumidores relativamente à sua marca, bem ou serviço. A utilização de uma ferramenta de análise de sentimentos aumenta a diversidade e a inteligência da representação de uma marca e dos seus produtos. Ajuda as empresas a monitorizar a forma como os consumidores vêem as suas marcas e a identificar a informação exacta sobre as suas opiniões. Observa padrões e modificações e concentra-se nas apresentações de pessoas influentes. A análise de sentimentos pode ser utilizada em conjunto com outras técnicas de automatização para automatizar tanto o sistema de alarme como o sistema de vigilância dos media. Monitorizar os comentários e as críticas da marca numa série de canais das redes sociais.

iv. Análise de aspectos

As empresas podem maximizar a utilização das grandes quantidades de dados que geram, implementando a análise de sentimentos baseada em aspectos. Graças à estratégia baseada em aspectos, as empresas poderão extrair os elementos mais importantes dos comentários e serviços dos clientes.

v. Voz dos clientes

Recolha e avalie todas as opiniões dos clientes através de salas de conversação, correio eletrónico, inquéritos, centros de atendimento telefónico e Internet. A análise do sentimento permitirá classificar e organizar os dados para identificar padrões, problemas recorrentes e preocupações. Uma operação empresarial bem sucedida requer a identificação de um grupo de clientes adequado e o subsequente desenvolvimento de uma oferta de valor, o que pode ser facilitado pela análise de sentimentos. No entanto, a empresa precisa de estar atenta aos impulsos dos seus consumidores para se manter actualizada e manter a procura do produto.

vi. Monitorização de redes sociais

Quando algo de negativo começa a espalhar-se, a análise de sentimentos dos dados sociais irá seguir o sentimento do cliente em tempo real, 24 horas por dia, 7 dias por semana. Isto permite respostas rápidas e comentários positivos para melhorar a reputação de uma empresa. Além disso, são obtidos dados consistentes e fiáveis sobre os clientes, o que permite aos decisores monitorizar o desenvolvimento dos clientes sazonalmente. As pessoas dão frequentemente algumas das opiniões mais honestas sobre empresas, bens e serviços nas redes sociais porque fazem comentários sem serem solicitadas. Têm de partilhar as suas emoções com o mundo.

vii. Mercado de acções

A previsão dos preços das acções é uma das utilizações da análise do sentimento. Pode ser realizada através da previsão dos movimentos dos preços das acções e do exame de todas as notícias do mercado de acções. Podem ser utilizadas várias fontes, incluindo blogues, Twitter e artigos de notícias, para recolher dados. A análise de sentimento ao nível da frase pode ser efectuada nestas mensagens e a polaridade global dos textos de notícias sobre uma determinada empresa pode então ser determinada.

3.5 Desafios

Existem várias dificuldades na avaliação de opiniões provenientes de críticas, comentários, etc. [56]. As críticas incluem normalmente factos imprevisíveis e contraditórios. As pessoas comunicam os seus sentimentos de várias formas; ocasionalmente, utilizam muitos acrónimos e estenografia. Nas recensões, têm normalmente dificuldade em utilizar uma linguagem correcta. Utilizando palavras e frases de opinião que são normalmente utilizadas para comunicar opiniões, avaliamos se as críticas são favoráveis ou negativas.

Estas expressões de opinião e frases podem ser utilizadas tanto em contextos positivos como negativos. A título de exemplo, bom é para positivo e mau é para negativo. A determinação dos sentimentos positivos e negativos da crítica depende do ambiente que a rodeia. Muito poucas palavras podem ser utilizadas de forma consistente para inferir um significado positivo ou negativo de um enunciado. A ironia e os sentimentos reprimidos também estão presentes nas críticas e nos comentários. Uma vez que os textos opinativos contêm por vezes ambiguidade e palavras subjectivas, a avaliação dos sentimentos pode ser uma tarefa difícil.

As palavras com o mesmo significado que aparecem mais do que uma vez numa única frase são conhecidas como palavras ambíguas. Quando a ironia e a linguagem são utilizadas para exprimir um significado, a ambiguidade torna-se um problema importante. Considere esta afirmação, por exemplo. Sim, um dispositivo móvel fantástico! Embora esta crítica pareça ser boa, também pode ser interpretada negativamente. A necessidade de léxicos para outras línguas é um dos principais problemas das técnicas baseadas no léxico.

Apenas algumas línguas comuns, como o inglês, o árabe, o chinês, etc., têm léxicos disponíveis; não existem léxicos para línguas menos conhecidas. Além disso, os léxicos das línguas chinesa e árabe não são suficientemente completos para conter todos os termos utilizados nessas línguas.

i. Introdução de vários idiomas

A informação pode estar disponível em mais do que uma língua porque contém uma variedade de avaliações de utilizadores. No entanto, o classificador fala maioritariamente inglês. Consequentemente, treinar o algoritmo para outras línguas para além do inglês torna-se extremamente difícil. Por conseguinte, um dos principais desafios da análise de sentimentos é a introdução de dados em várias línguas.

ii. Entradas falsas

As críticas falsas ou fraudulentas enganam os utilizadores ou consumidores, oferecendo comentários fictícios ou não relacionados, bons ou negativos, sobre um produto. Na maioria das vezes, isto é feito para tornar um produto mais ou menos popular. Por conseguinte, detetar críticas falsas é um processo difícil e quase impossível.

iii. Emoticons e críticas sarcásticas

Os emoticons são expressões transmitidas através de imagens. É mais simples para o consumidor ou cliente compreender os sentimentos de alguém quando são utilizados emoticons para explicar o produto. No entanto, os emoticons tornam-se mais difíceis de compreender por uma máquina. Treinar um algoritmo com emoticons como entrada é uma tarefa difícil. As avaliações sarcásticas são difíceis de entender para o computador. Para dar uma resposta precisa, o modelo tem de ser treinado utilizando uma quantidade crescente deste tipo de dados. Os emoticons e as avaliações cáusticas estão, portanto, entre os aspectos mais difíceis da análise de sentimentos.

3.6 Lacuna na investigação

A análise de sentimentos é um dos subcampos das ciências informáticas que está a crescer a um ritmo acelerado, sendo um desafio acompanhar todos os desenvolvimentos neste domínio. Apesar dos avanços significativos na aplicação da aprendizagem automática (ML) à análise de sentimentos, persistem várias lacunas na investigação. Em primeiro lugar, existe uma variação notável na eficácia destes modelos em diversas populações, o que realça a necessidade de conjuntos de dados mais inclusivos e representativos para treinar estes algoritmos. Os referidos estudos baseiam-se frequentemente em dados de localizações geográficas ou demográficas específicas, o que limita potencialmente a sua generalização. Em segundo lugar, muitos modelos existentes dão prioridade à exatidão em detrimento da interpretabilidade. Além disso, a investigação sobre a análise do sentimento das opiniões sobre produtos centra-se sobretudo em métodos de análise do sentimento e raramente envolve a extração de características e o reconhecimento de dados em grande escala. As conclusões analisadas implicam que a compreensão do estado psicológico da população em geral pode ser ajudada pela identificação dos termos positivos e negativos mais importantes no conjunto de dados.

3.7 OBJECTIVOS

1. Estudar e analisar as técnicas de aprendizagem automática e de aprendizagem profunda existentes para a análise de sentimentos.

2. Desenvolver e aplicar o modelo ao conjunto de dados de avaliação de produtos do flipkart.com.

3. Visualizar e analisar os resultados obtidos com o modelo proposto.

3.8 Conceção da investigação

A escolha da investigação descritiva e exploratória foi feita na expetativa de que proporcionasse aos profissionais de marketing uma compreensão clara da mentalidade dos millennials. Ao utilizar o algoritmo de Bayes para classificar as emoções, este método procura extrair emoções do conjunto de dados e categorizá-las em emoções, atribuindo pontuações com base nas emoções associadas a esse tweet. O gráfico é traçado de acordo com a pontuação atribuída. A figura 3.1 mostra a conceção da investigação para o modelo de análise de sentimentos e a figura 3.2 mostra a conceção do modelo de polaridade de sentimentos.

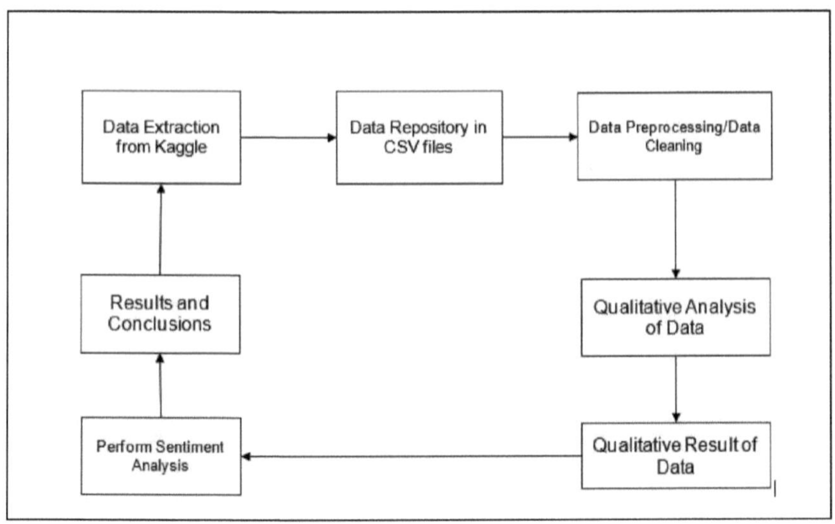

Figura 3.2: Diagrama de fluxo da investigação [46]

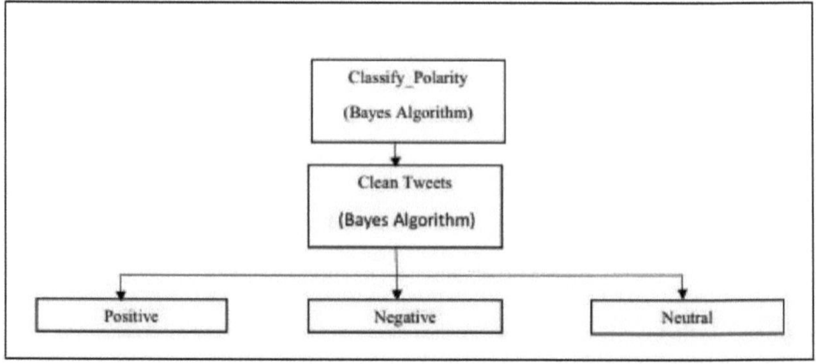

Figura 3.3: Modelo de Polaridade do Sentimento [46]

3.9 Metodologia de investigação

O processo de recolha de dados é o primeiro passo de qualquer análise [57]. Os sítios das redes sociais proporcionam atualmente à investigação e à análise o acesso a uma vasta gama de dados. Podem ser utilizados métodos de recolha de dados da Web para obter dados em tempo real das redes de redes sociais. A recolha de dados da Web em Python é efectuada com o pacote Beautiful Soup. O pré-processamento destes dados brutos recuperados resulta em dados limpos, o que simplifica o processo de análise adicional. Para obter resultados mais fiáveis, os dados pré-processados são utilizados para a extração de características. A categorização do sentimento é efectuada por uma variedade de algoritmos. Em todo o processo, esta é a fase mais importante.

Recolha de dados: A recolha de volumes substanciais de dados de fontes pertinentes é a primeira fase do processo de extração de opiniões. Alguns dos conjuntos de dados previamente estabelecidos e bem conhecidos, como os dados de publicações no Facebook, críticas e comentários no Twitter, podem ser utilizados para extrair o conjunto de dados para o mesmo fim. Outra forma de obter dados é realizar um inquérito utilizando um formulário do Google, analisar os resultados e consultar blogues, classificações, fóruns de discussão populares e outras fontes de informação semelhantes. Os conjuntos de dados directos também podem ser descarregados na plataforma Kaggle, onde está disponível um grande número de conjuntos de dados. Um conjunto de dados baseado em avaliações de produtos que os utilizadores compraram em flipkart.com durante o período dos últimos 6 meses foi obtido de uma fonte altamente fiável conhecida como Kaggle. Este conjunto de dados contém informações sobre nomes de produtos, preços de produtos, classificações, críticas e resumos. Existem 104 tipos de produtos diferentes em flipkart.com, tais como artigos electrónicos, vestuário para homem, mulher e criança, artigos de decoração para casa, sistemas automatizados, etc. Tem 205053 linhas e 5 colunas. Contém cinco características, como documentado na tabela 3.1.

Tabela 3.1: Características incluídas no conjunto de dados

Característica	Descrição
Nome do produto	Nome do produto
Preço do produto	Preço do produto
Classificação	Classificação do utilizador entre 1 e 5
Revisão	As opiniões dos utilizadores são fornecidas para cada produto
Resumo	Uma descrição pormenorizada, incluindo especificações, características e dimensões do produto

Pré-processamento de dados: O pré-processamento é a primeira ação realizada após a limpeza de dados, durante a qual os dados são separados em listas, convertidos em minúsculas e todas as pontuações são eliminadas. É muito aconselhável submeter todos os dados a este processo depois de terem sido recolhidos através de formulários, APIs ou outras plataformas. Para garantir que os resultados do pré-processamento não são afectados, esta fase implica a remoção de quaisquer dados indesejados ou cheios de ruído.

Dados numéricos, URLs, símbolos especiais, e-mails e declarações que são extremamente repetitivos e não acrescentam nada à secção de análise são exemplos de dados indesejados. Esta é a fase fundamental, uma vez que garante um nível ainda maior de exatidão e precisão depois de os dados terem sido completamente limpos e preparados para o pré-processamento. Existem numerosos métodos que têm por objetivo a limpeza dos dados. Estas técnicas, que constituem algumas das verificações necessárias para a limpeza dos dados no conjunto completo de dados, incluem a gama de dados, o tipo de dados, as limitações dos dados e o exame cruzado dos dados. Três processos são concluídos como parte da preparação dos dados: tokenização, eliminação de palavras de paragem e utilização da constante global para preencher os valores em falta.

-A tokenização é o processo de dissecar uma sequência de caracteres nas palavras, frases, símbolos, caracteres e muitas outras coisas que a constituem. Podem ser criados tokens que formam palavras, frases ou até mesmo sentenças inteiras. Muitos caracteres, incluindo a pontuação, são eliminados durante a tokenização. Os restantes caracteres são posteriormente utilizados numa variedade de aplicações, incluindo a extração e análise de texto.

-Eliminação de palavras de paragem: Na extração de texto, uma palavra de paragem é qualquer elemento de frase que não contribui para qualquer subdivisão. Normalmente, estas frases não são utilizadas para melhorar a precisão da avaliação. Existem vários tipos de stopwords, dependendo da língua, do domínio, etc. No entanto, existem algumas stopwords em inglês.

-Preenchimento do valor em falta com uma constante global: O sistema procura os valores em falta no conjunto de dados durante este passo. O procedimento é então concluído substituindo os valores em falta pela constante correcta.

O pré-processamento de dados inclui a fragmentação correcta dos dados e a sua limpeza. Neste trabalho de investigação, foram utilizadas técnicas de pré-processamento de PNL, como a remoção de palavras de paragem, a fragmentação de dados, a formação de troncos, etc. O pré-processamento dos dados conduziu-nos a dados robustos e com menos ruído. Para o pré-processamento dos dados, foi considerada a utilização da biblioteca Natural Language Tool Kit (NLTK) implementada em Python. A NLTK é uma plataforma de processamento de linguagem natural desenvolvida em Python. A Tabela 3.2 mostra o conjunto de dados após o pré-processamento.

Tabela 3.2: Conjunto de dados após o pré-processamento

№.	Resumo	Sentimento
1	excelente refrigerador excelente fluxo de ar preço fantástico ...	Positivo
2	melhor cooler económico cooler adequado arrefecimento agradável	Positivo
3	qualidade boa potência ar decente	Positivo
4	fã de um produto mau	Negativo
5	produto ok ok	Neutro

Extração de características

É a próxima ação que se segue ao pré-processamento completo dos dados. Não é possível treinar o modelo diretamente utilizando todos os dados; em vez disso, deve ser efectuada uma seleção específica de pontos para diminuir a complexidade do modelo e melhorar a sua delicadeza. Ao construir um modal com um algoritmo normal de aprendizagem automática, é necessário ter em conta alguns factores para determinar as várias características a considerar. Os processos de extração e seleção de características são interdependentes. A primeira subtarefa que minimiza a coleção de características a considerar para o modelo é a extração de características. Esta tarefa utiliza o conjunto de dados original para criar um conjunto completo de características. A seleção de características visa produzir um dicionário de pares chave-valor, em que as características são as chaves e os valores são os valores. Os valores são as classificações atribuídas a cada uma das características. As palavras são representadas matematicamente através da identificação das suas características de sentimento e da aplicação da abordagem de incorporação de palavras. Para a extração de características neste trabalho, é utilizada uma estratégia híbrida que combina a técnica híbrida TFIDF e o modelo Skip N-Gram.

-Modelo do N-Grama de Saltos: Um skip-gram é uma generalização dos n-gramas da linguística computacional, especialmente da modelação da linguagem, em que os constituintes (geralmente palavras) do skip-gram podem incluir lacunas em vez de serem necessariamente sequenciais no texto que está a ser examinado. O problema da escassez de dados que a análise de n-gramas apresenta pode ser resolvido utilizando um skip-gram. Os skip-grams são mais resistentes a ataques do que os n-grams em termos de segurança informática. Os n-gramas são sequências fechadas de tokens que ocorrem sequencialmente $w_1 \ldots w_n$.

Método híbrido TF-IDF: As palavras nos textos podem ter o seu significado matemático determinado utilizando o TF-IDF. O valor TF-IDF é obtido através da multiplicação dos números TF e IDF. A expressão "Term Frequency" (Frequência de termos) descreve a relação entre os termos-alvo e o total de termos num texto, como o nome sugere. Os valores IDF iniciais são calculados como um logaritmo do rácio de documentos que contêm a frase-alvo em relação ao número total de documentos. Nesta altura, é indiferente o número de vezes que a frase aparece no documento.

Classificação: O processo de classificação de textos divide-se em duas fases: A fase de treino e a fase de teste. Na fase de formação, é criado um modelo de classificação utilizando um conjunto de dados de teste. Na fase de teste, a exatidão da classificação é avaliada utilizando o módulo de classificação. Utilizámos o classificador Naive Bayes. A classe Mapper atribuiu valores de sentimento e a classe Reducer avaliou a polaridade. A tarefa de formação criou o modelo. As tarefas de combinação combinaram o modelo e os dados de teste. A tarefa Classificar efectuou a determinação da polaridade.

A resposta do cliente pode ser positiva, negativa ou neutra. Para cada avaliação, foi calculado o valor da subjetividade (intervalo de 0 a 1) e o valor da polaridade (intervalo de -1 a +1) e o valor total do sentimento foi calculado como a soma do produto dos valores da subjetividade e da polaridade das avaliações individuais. A Tabela 3.2 apresenta um resumo do processo de cálculo do sentimento [58], [59].

Tabela 3.3. Cálculo do sentimento

Revisão	Subjetividade (s)	Polaridade (p)	Pontuação de sentimento (s*p)
O cooler é muito bom e tem um fluxo de ar excelente e, por este preço, é fantástico e inacreditável.	0.812500	0.725000	0.5890625
melhor cooler 2 fit económico bom arrefecimento	0.566667	0.666667	0.37777819
a qualidade é boa mas a potência do ar é decente	0.633333	0.433333	0.27444409
produto muito mau é apenas um ventilador	0.933333	-0.455000	-0.42466652
produto ok ok	0.500000	0.500000	0.25

O texto é positivo se a polaridade for superior a 0, negativo se a polaridade for inferior a 0 e neutro se a polaridade for igual a 0. O intervalo subjetivo vai de 0,0 a 1,0. Uma pontuação mais excelente indica que o texto é mais subjetivo. A Tabela 3.4 mostra as contagens de valores para críticas positivas, negativas e neutras.

Tabela 3.4: Valor_Contagem de revisões

Positivo	166581
Negativo	28232
Neutro	10239

Visualização: A visualização da classificação e dos resultados gerados pelos algoritmos de aprendizagem automática é fortemente aconselhada após o desenvolvimento de um modelo de aprendizagem automática. Qualquer conjunto de dados comum utilizado para treinar a máquina deve ser representado como um gráfico para análise de sentinela, de modo a que a distribuição contínua dos dados seja visível. Os resultados são apresentados através de gráficos e quadros. A nuvem de palavras foi construída utilizando a frequência de ocorrência das palavras. A figura 3.4 mostra a visualização e a figura 3.5 mostra o gráfico de contagem dos sentimentos. Fonte da figura: gerada pelo próprio.

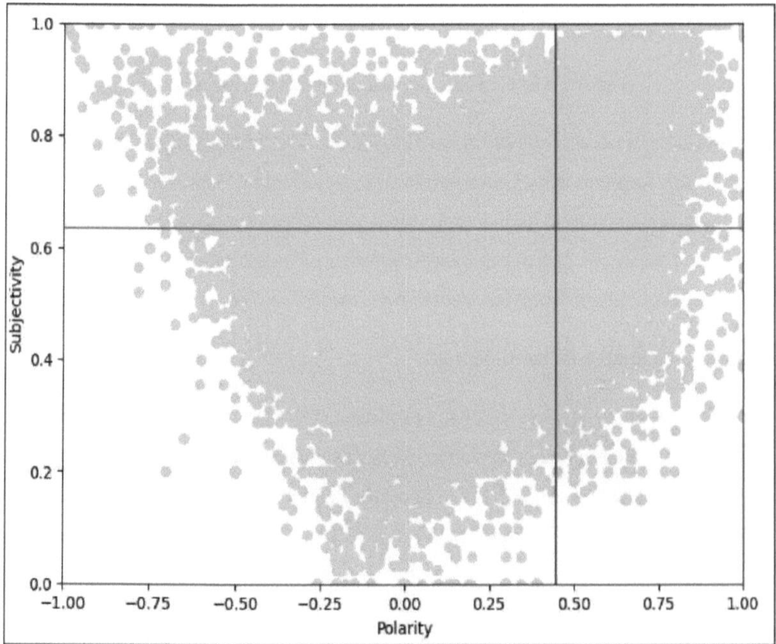

Figura 3.4: Visualização

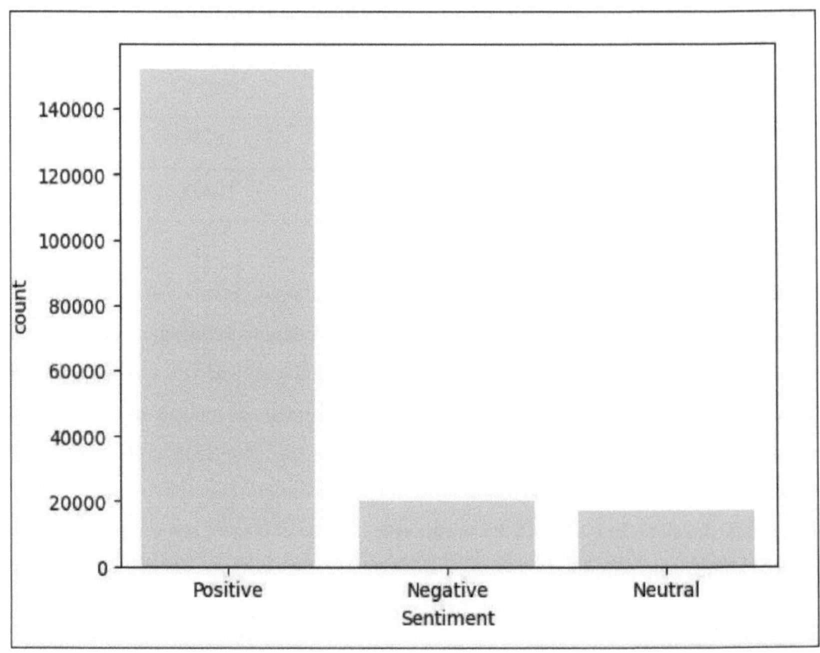

Figura 3.5: Gráfico de contagem dos sentimentos

Testes: Os testes são necessários para confirmar se o modelo desenvolvido prevê ou não com exatidão o resultado pretendido. Outro nome para isso é a etapa de validação. O facto de este processo dever funcionar bem quando aplicado a aplicações de grande escala torna-o crucial. A fase final é o teste, em que um utilizador introduz um texto numa máquina em tempo de execução e o computador faz previsões sobre a afirmação: se é boa, negativa ou neutra.

-Algoritmos para análise de sentimentos

São utilizados critérios de avaliação como a exatidão, a recordação, a precisão e a pontuação f1 para avaliar o funcionamento dos algoritmos [60]. A análise de sentimentos pode ser efectuada utilizando uma variedade de algoritmos. São eles o Random Forest, o Naive Bayes, o Support Vetor Machine (SVM) e o K-Nearest Neighbor (KNN).

Naive Bayes: Um algoritmo de aprendizagem supervisionada é o classificador Naive Bayes. A sua base é o teorema de Bayes. Dado que faz previsões com base nas probabilidades do item, o Naive Bayes é um classificador probabilístico. O teorema de Bayes determina a probabilidade de uma hipótese com base em informações anteriores. Ele calcula uma probabilidade posterior, ou revisada, que é uma probabilidade condicional. A probabilidade de quaisquer duas variáveis aleatórias, A e B, é dada por, seguindo a regra de Bayes.

P(A/B) = (P(B/A) P(A)) / (P(B))

Em que, P(A/B) = Probabilidade posterior,

P(A) = Probabilidade prévia,

P(B) = Probabilidade marginal,

P(B/A) = Probabilidade de verosimilhança

O teorema de Naive Bayes prevê um valor de classe para um determinado conjunto de atributos. Para cada valor de classe conhecido,

• O Naive Bayes calcula as probabilidades para cada atributo, condicionadas pelo valor da classe.

• Utiliza a regra do produto para obter uma probabilidade condicional conjunta para os atributos.

• Utiliza a regra de Bayes para derivar probabilidades condicionais para a variável de classe. Quando todos os valores de classe são calculados, produz a classe com a maior probabilidade.

-Avaliação dos algoritmos: Os algoritmos abordados na secção anterior são todos avaliados utilizando métricas como a pontuação F1, a exatidão, a precisão e a recuperação. A medida da matriz de confusão é utilizada para estas medidas. A precisão, a recuperação e a medida F, a sensibilidade, a especificidade e a exatidão são os parâmetros de desempenho utilizados para avaliar os resultados da categorização. Os valores das classes atribuídas em empírico como verdadeiros positivos (TP), falsos positivos (FP), verdadeiros negativos (TN) e falsos negativos (FN) são utilizados para calcular estas métricas [61]. Tal como noutros estudos, este documento utiliza a sensibilidade, a especificidade, a exatidão, a precisão, a recordação e a pontuação F1 como métricas de avaliação do modelo. Os parâmetros de cálculo são os seguintes.

Verdadeiros positivos (TP) - Estes são os valores positivos corretamente previstos, o que significa que o valor da classe real é sim e o valor da classe prevista também é sim.

Verdadeiros negativos (TN) - Estes são os valores negativos corretamente previstos, o que significa que o valor da classe real é não e o valor da classe prevista também é não.

Falsos positivos (FP) - Quando a classe real é não e a classe prevista é sim.

Falsos negativos (FN) - Quando a classe real é sim, mas a classe prevista é não.

Matriz de confusão: A matriz de confusão é uma ferramenta para analisar a capacidade do nosso classificador de reconhecer tuplas de diferentes classes. A Figura 3.6 mostra a matriz de confusão clássica.

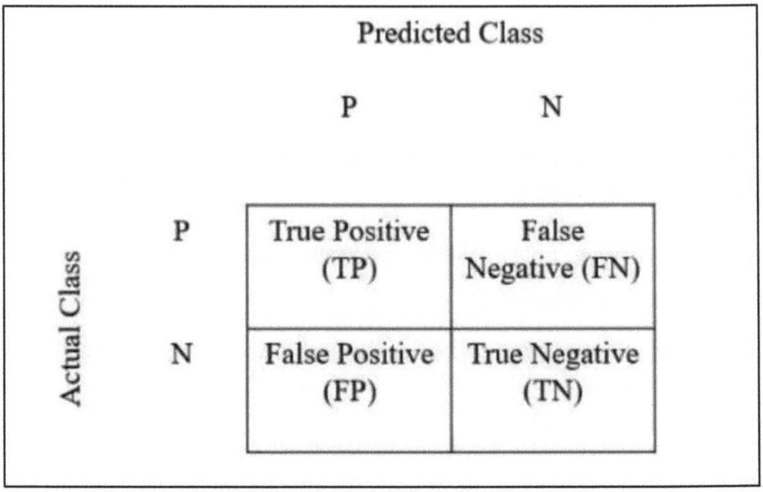

Figura 3.6: Matriz de confusão [33]

Exatidão: A exatidão de qualquer algoritmo de classificação é medida pela proporção de tuplas do conjunto de teste que o modelo classifica corretamente.

Precisão = ((TP + TN)) / ((TP + TN + FP + FN))

TP = Verdadeiro Positivo,

TN = Verdadeiro Negativo,

FP = Falso positivo,

FN = Falso Negativo

Precisão: A precisão refere-se à exatidão de um algoritmo. É a proporção de tuplas positivas corretamente identificadas que são positivas.

Precisão = TP/ (TP + FP)

TP = Verdadeiro Positivo,

FP = Falso positivo

Recordação: O teste de exaustividade é a recuperação. É a proporção de tuplas com rótulo positivo pelo classificador.

Recuperação = TP/ (TP + FN)

TP = Verdadeiro Positivo,

FN = Falso Negativo

CAPÍTULO 4
RESULTADOS

Os termos mais frequentemente utilizados que produziram sentimentos positivos e negativos podem ser vistos na análise de sentimentos do conjunto de dados de avaliações de clientes de produtos de comércio eletrónico. Para discriminar entre avaliações más e positivas, o conjunto de dados foi ordenado pelas colunas de sentimento. A nuvem de palavras positivas está representada na Figura 4.1, enquanto a nuvem de palavras negativas está representada na Figura 4.2. A Figura 4.3 lista os termos mais frequentemente utilizados. A Tabela 4.1 mostra a contagem de palavras positivas comuns, a Tabela 4.2 mostra a contagem de palavras negativas comuns e a Tabela 4.3 mostra a contagem de palavras neutras comuns. Fonte da figura: gerada pelo próprio.

Figura 4.1: Nuvem de palavras positivas

Tabela 4.1: Contagem de palavras positivas comuns

N.º Sr.	Palavras comuns	Contagem
1	Bom	17442
2	Incrível	11294
3	Bonito	9396
4	Vale a pena	9037
5	Maravilhoso	9029
6	Recomendado	6695
7	Ótimo	5703
8	Brilhante	5648
9	Perfeito	5615
10	Super	5608
11	Com classe	5605

Figura 4.2: Nuvem de palavras negativas

Tabela 4.2: Contagem de palavras negativas comuns

N.º Sr.	Palavras comuns	Contagem
1	Resíduos	2199
2	Desiludido	1756
3	Lixo	1154
4	Terrível	1148
5	Totalmente	1131
6	Inútil	1119
7	Pior	1094
8	Odiado	1088
9	Não	1079
10	Fraude	50

Tabela 4.3: Contagem de palavras neutras comuns

N.º Sr.	Palavras comuns	Contagem
1	Bom	1288
2	Está bem	570
3	Decente	482
4	Melhor	259
5	Totalmente	1131
6	Valor do dinheiro	239

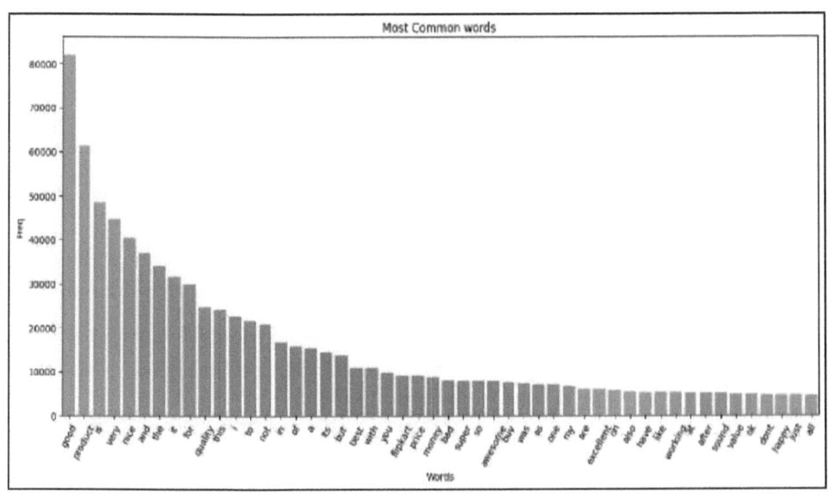

Figura 4.3: Palavras mais comuns

Uma métrica utilizada na avaliação do modelo é a validação cruzada, que mostra até que ponto o sistema consegue prever o futuro. A eficácia dos modelos foi confirmada pela aplicação da validação cruzada K-fold. O conjunto de dados é dividido em k subconjuntos para a validação cruzada K-fold e cada subconjunto é repetido k vezes. Para cada iteração, é utilizada uma amostra de treino de k subconjuntos e uma amostra de teste de k-1 subconjuntos. A validação cruzada do modelo é apresentada na Tabela 4.4.

```
from sklearn.naive_bayes import ComplementNB
from sklearn.model_selection import GridSearchCV
from sklearn.model_selection import cross_val_score
from sklearn import metrics
from math import *
cnb = ComplementNB()
cnb.fit(X_train, y_train)
cross_cnb = cross_val_score(cnb, X, y,n_jobs = -1)
print("Cross Validation score = ",cross_cnb)
print ("Train accuracy ={:.4f}%".format(cnb.score(X_train,y_train)*100))
print ("Test accuracy ={:.4f}%".format(cnb.score(X_test,y_test)*100))
train_acc_cnb=cnb.score(X_train,y_train)
test_acc_cnb=cnb.score(X_test,y_test)

Cross Validation score =  [0.8617 0.8642 0.8597 0.8556 0.8621]
Train accuracy =93.0475%
Test accuracy =86.2400%
```

Figure 4.4:   Resultados da validação cruzada

Corridas	1	2	3	6	5
Média	86.17	86.42	85.97	85.56	86.21

A matriz de confusão é utilizada para apresentar as taxas de TP, FP, TN e FN da amostra. Com base nestas taxas, foram calculadas as métricas de avaliação (especificidade, exatidão, recordação, precisão e pontuação F1) para avaliar o modelo Naive Bayes utilizando dados não vistos para prever o sentimento dos clientes. A Figura 4.6 mostra a visualização da matriz de confusão.

```python
# Print the Confusion Matrix and slice it into four pieces
from sklearn.metrics import confusion_matrix
cm = confusion_matrix(y_test, predicted)
print('Confusion matrix\n\n', cm)
print('\nTrue Positives(TP) = ', cm[0,0])
print('\nTrue Negatives(TN) = ', cm[1,1])
print('\nFalse Positives(FP) = ', cm[0,1])
print('\nFalse Negatives(FN) = ', cm[1,0])

Confusion matrix

 [[4329  648]
 [ 728 4295]]

True Positives(TP) = 4329

True Negatives(TN) = 4295

False Positives(FP) = 648

False Negatives(FN) = 728
```

Figure 4.5:   Matriz de confusão

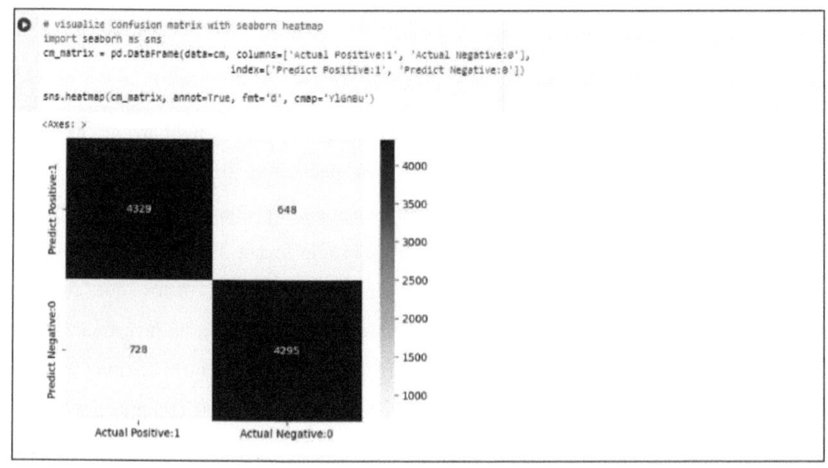

Figura 4.6: Visualização da Matriz de Confusão

A precisão, a recuperação e a medida F1 são calculadas a partir da matriz de confusão. O resultado de cada um dos parâmetros do conjunto de dados é apresentado na figura 4.7

```
[62]  from sklearn import metrics
      predicted = CNB.predict(X_test)
      accuracy_score = metrics.accuracy_score(predicted, y_test)

      print('ComplementNB model accuracy is',str('{:04.2f}'.format(accuracy_score*100))+'%')
      print('--------------------------------------------------------')
      print('Confusion Matrix:')
      print(pd.DataFrame(confusion_matrix(y_test, predicted)))
      print('--------------------------------------------------------')
      print('Classification Report:')
      print(classification_report(y_test, predicted))

      ComplementNB model accuracy is 86.24%
      --------------------------------------------------------
      Confusion Matrix:
         0     1
      0  4329   648
      1   728  4295
      --------------------------------------------------------
      Classification Report:
                    precision    recall  f1-score   support

                 0       0.86      0.87      0.86      4977
                 1       0.87      0.86      0.86      5023

          accuracy                           0.86     10000
         macro avg       0.86      0.86      0.86     10000
      weighted avg       0.86      0.86      0.86     10000
```

Figura 4.7: Relatório de classificação

CAPÍTULO 5
CONCLUSÃO

A análise de sentimentos é uma das áreas de mais rápido desenvolvimento na ciência da computação, tornando difícil acompanhar todos os avanços da disciplina [2]. A análise de sentimentos tornou-se uma ferramenta valiosa para a geração e avaliação de diferentes tipos de dados, auxiliando os processos de tomada de decisão que levam à melhoria de negócios e empresas. As redes sociais geram uma grande quantidade de dados que requerem processamento e análise para obter informações relevantes. Com base na investigação, pode dizer-se que as gerações mais jovens estão cada vez mais habituadas a fazer compras em linha. Os sítios Web de comércio eletrónico estão a registar um aumento das compras por parte de grupos com formação académica e rendimentos mais elevados. As pessoas têm relutância em fazer compras em linha porque estão preocupadas com a sua segurança. Muitas vezes, as pessoas têm relutância em adaptar-se devido à sofisticação tecnológica envolvida na realização de compras pela Internet. As empresas que se dedicam às compras em linha devem concentrar-se na promoção de ligações fiáveis entre fornecedores e consumidores.

Com a ajuda desta investigação, pretendemos compreender melhor a forma como os vários atributos se relacionam entre si e fazer uma análise de sentimentos no conjunto de dados de avaliações de produtos, o que será útil tanto do ponto de vista dos consumidores como dos designers de produtos. As avaliações podem ser calculadas para fornecer ao designer os dados mais relevantes, levando-o a melhorar o produto ou a introduzir um novo que melhor satisfaça as necessidades dos clientes. Os resultados experimentais mostraram que o nosso modelo foi satisfatório em todas as métricas de medição. Este artigo apresenta um estudo experimental, juntamente com um modelo proposto através do algoritmo Naive-Bayes, sobre um conjunto de dados de avaliações de produtos para medir a polaridade das avaliações, quer sejam positivas ou negativas, e palavras relacionadas com os produtos. Esta extensibilidade da investigação será muito benéfica para a indústria e tornará a recolha de requisitos muito menos morosa, reduzindo as despesas incorridas com inquéritos, questionários, entrevistas, estudos de mercado e tendências.

CAPÍTULO 6
ÂMBITO DO FUTURO

O trabalho futuro pode concentrar-se na extração de opiniões de vários sítios Web e de vários produtos, etc. O mesmo trabalho pode ser alargado para incorporar muitos mais algoritmos de classificação que nos ajudarão a decidir ou a escolher o melhor classificador para a extração de opiniões e a análise de sentimentos. Tendo em conta as preocupações do designer, esta investigação pode ser alargada para explorar as necessidades dos clientes. Para dar ao designer a informação mais valiosa possível para melhorar o produto ou introduzir um novo produto no mercado, satisfazendo o maior número possível de critérios dos consumidores, pode calcular-se a utilidade das opiniões. A indústria beneficiará muito com a flexibilidade desta investigação, que poupará tempo e custos associados à obtenção de requisitos através de inquéritos, questionários, entrevistas, estudos de mercado e tendências.

REFERÊNCIAS

[1]   J. P. Singh, N. P. Rana, e W. Alkhowaiter, "Sentiment analysis of products' reviews containing English and Hindi texts," in *Lecture Notes in Computer Science (including subseries Lecture Notes in Artificial Intelligence and Lecture Notes in Bioinformatics)*, 2015. doi: 10.1007/978-3-319-25013- 7_33.

[2]   Z. Singla, S. Randhawa e S. Jain, "Statistical and sentiment analysis of consumer product reviews," in *8th International Conference on Computing, Communications and Networking Technologies, ICCCNT 2017*, 2017. doi: 10.1109/ICCCNT.2017.8203960.

[3]   S. Elzeheiry, W. A. Gab-Allah, N. Mekky, e M. Elmogy, "Sentiment Analysis for E-commerce Product Reviews: Current Trends and Future Directions," maio de 2023, doi: 10.20944/PREPRINTS202305.1649.V1.

[4]   Dr. R Jayanthi, "A study on customer's review about online shoppers in India," National Journal of Multidisciplinary Research and Development ISSN: 2455-9040. Acedido: 19 de fevereiro de 2024. [Online]. Disponível em: https://www.multidisciplinaryjournal.org/assets/archives/2018/vol3issue1/3-1-119-497.pdf

[5]   S. Al-Otaibi e A. Al-Rasheed, "A Review and Comparative Analysis of Sentiment Analysis Techniques," *Informatica (Slovenia)*, vol. 46, no. 6. Slovene Society Informatika, pp. 33-44, 2022. doi: 10.31449/inf.v46i6.3991.

[6]   J. Guerreiro e P. Rita, "How to predict explicit recommendations in online reviews using text mining and sentiment analysis", *Journal ofHospitality and Tourism Management*, vol. 43, 2020, doi: 10.1016/j.jhtm.2019.07.001.

[7]   S. Raghav e J. Sondhi, "Online Product Reviews on Consumer Behaviour With Special India" (Revisões de produtos em linha sobre o comportamento dos consumidores com especial incidência na Índia).

[8]   K. Thriveni Kumari, "New Research in E-commerce Business Management", 2023.

[9]   K. L. Santhosh Kumar, J. Desai, e J. Majumdar, "Opinion mining and sentiment analysis on online customer review," in *2016 IEEE International Conference on Computational Intelligence and Computing Research, ICCIC 2016*, 2017. doi: 10.1109/ICCIC.2016.7919584.

[10]   Y. Kai, Y. Cai, H. Dongping, J. Li, Z. Zhou e X. Lei, "Um modelo híbrido eficaz para a extração de opiniões e a análise de sentimentos", na *Conferência Internacional IEEE de 2017 sobre Grandes Dados e Computação Inteligente, BigComp 2017*, 2017. doi: 10.1109/BIGCOMP.2017.7881759.

[11]   S. A. Sadhana, L. Sairamesh, S. Sabena, S. Ganapathy e A. Kannan, "Mineração de opiniões de alvos a partir de revisões online usando modelo de alinhamento de palavras semi-supervisionado", em *Proceedings - 2017 2nd International Conference on Recent Trends and Challenges in Computational Models, ICRTCCM 2017*, 2017. doi: 10.1109/ICRTCCM.2017.66.

[12]   P. K. Singh, A. Sachdeva, D. Mahajan, N. Pande e A. Sharma, "An approach towards feature specific opinion mining and sentimental analysis across e-commerce websites," in *Proceedings of the 5th International Conference on Confluence 2014: A Cimeira de Tecnologias de Informação da Próxima Geração*, 2014. doi: 10.1109/CONFLUENCE.2014.6949312.

[13]   P. Porntrakoon e C. Moemeng, "Análise de sentimento tailandês para revisão do consumidor em múltiplas dimensões usando a técnica de compensação de sentimento (SenSecomp)", em *ECTI-CON 2018 - 15ª Conferência Internacional de Engenharia Elétrica / Eletrônica, Computador, Telecomunicações e Tecnologia da Informação*, 2018. doi: 10.1109 / ECTICon.2018.8619892.

[14]   J. N. L, S. K. Kumar L e J. Majumdar, "Análise de sentimentos das opiniões dos clientes sobre produtos portáteis para a Flipkart", *International Research Journal of Engineering and Technology*, 2018.

[15]   A. Dadhich e B. Thankachan, "Desafios sociais e jurídicos da IA para abordagens de mineração de opinião nas análises de produtos da Amazon e Flipkart usando algoritmos de aprendizado de máquina", *SN Comput Sci*, vol. 2, no. 3, 2021, doi: 10.1007/s42979-021-00554-3.

[16]	A. Sinha, N. Arora, S. Singh, M. Cheema, e A. Nazir, "Fake Product Review Monitoring Using Opinion Mining," *International Journal of Advances in Engineering and Management (IJAEM*, vol. 2, 2008.

[17]	D. M. A. Marathe, "'Literature Review On Customer Satisfaction Towards Online Shopping - With Special Reference To Flipkart.'", *Dogo Rangsang Research Journal*, vol. 10, no. 06, 2020.

[18]	E. Tyagi e A. K. Sharma, "Sentiment Analysis of Product Reviews using Support Vetor Machine Learning Algorithm", *Indian J Sci Technol*, vol. 10, no. 35, 2017, doi: 10.17485/ijst/2017/v10i35/118965.

[19]	U. Kanchan, N. Kumar, e A. Gupta, "A STUDY OF ONLINE PURCHASE BEHAVIOUR OF CUSTOMERS IN INDIA," 2015, doi: 10.21917/ijms.2015.0019.

[20]	Z. Singla, S. Randhawa e S. Jain, "Sentiment analysis of customer product reviews using machine learning," in *Proceedings of 2017 International Conference on Intelligent Computing and Control, I2C2 2017*, 2018. doi: 10.1109/I2C2.2017.8321910.

[21]	G. K. Soor, A. Morje, R. Dalal, e D. Vora, "Product Recommendation System based on User Trustworthiness & Sentiment Analysis," *ITM Web of Conferences*, vol. 32, 2020, doi: 10.1051/itmconf/20203203030.

[22]	T. Keerthana, T. Bhavani, N. Suma Priya, V. Sai Prathyusha e K. Santhi Sri, "Flipkart product recommendation system," *Journal of engoneering science*, vol. 11, no. 4, 2020.

[23]	P. Rakshit, P. K. Srivastava, M. Afjal e S. K. Srivastava, "Sentimental Analytics on Indian Big Billion Day of Flip Kart and Amazon", *SN Comput Sci*, vol. 2, no. 3, 2021, doi: 10.1007/s42979- 020-00441-3.

[24]	S. Vijayakumar, G. Vidyashankar, R. Venkatesakumar, S. Madhavan e S. Riasudeen, "Características da revisão online e assimetria de informações É fácil alternar entre sites de compras online? Um estudo de caso de avaliações da Amazon e Flipkart", *SDMIMD Journal of Management | Print |*, vol. 12, 2021, doi: 10.18311/sdmimd/2021/26704.

[25]	K. Wase *et al.*, "Sentiment analysis of product review", *International Journal of Innovations in Engineering and Science*, vol. 3, no. 5, pp. 2456-3463, 2018, Acedido: 30 nov. 2023. [Online]. Disponível: www.ijies. net

[26]   P. Kumari, "Comparing Customer Attitude towards Amazon and Flipkart in Patna," *International Research Journal on Advanced Science Hub*, vol. 2, no. Edição especial ICSTM 12S, 2020, doi: 10.47392/irjash.2020.252.

[27]   S. Janakiballav Mishra, S. Sangita Ray e R. Kantha, "Consumer Satisfaction Level of ECommerce with Special Reference to Flipkart in Bhubaneswar," 2021, Accessed: 25 de fevereiro de 2024. [Online]. Disponível: www.ijaresm.com

[28]   A. Rohanroy, K. Rathor, B. Jannawat e S. Sethi, "REVIEWING FLIPKART PRODUCT COMMENTS USING METHODS BASED ON SENTIMENT ANALYSIS", Accessed: 25 de fevereiro de 2024. [Online]. Disponível: www.irjmets.com

[29]   S. Kumar, B. Hooi, M. Kumar, C. Faloutsos e V. S. Subrahmanian, "FairJudge: Trustworthy User Prediction in Rating Platforms".

[30]   A. Alsaeedi e M. Z. Khan, "A study on sentiment analysis techniques of Twitter data", *International Journal of Advanced Computer Science and Applications*, vol. 10, no. 2, 2019, doi: 10.14569/ijacsa.2019.0100248.

[31]   A. M. Kaplan e M. Haenlein, "Users of the world, unite! The challenges and opportunities of Social Media," *Bus Horiz*, vol. 53, no. 1, 2010, doi: 10.1016/j.bushor.2009.09.003.

[32]   R. S. Jagdale, V. S. Shirsat e S. N. Deshmukh, "Análise de sentimentos em análises de produtos usando técnicas de aprendizado de máquina", em *Avanços em Sistemas Inteligentes e Computação*, 2019. doi: 10.1007/978-981-13-0617-4_61.

[33]   D. Shah, A. Singh, e S. S. Prasad, "Sentimental Analysis Using Supervised Learning Algorithms," in *Proceedings - 2022 3rd International Conference on Computation, Automation and Knowledge Management, ICCAKM 2022*, 2022. doi: 10.1109/ICCAKM54721.2022.9990320.

[34]   S. Kaur e R. Mohana, "Prediction of sentiment from macaronic reviews," *Informatica (Slovenia)*, vol. 42, no. 1. 2018.

[35]   R. Tejwani, "Sentiment Analysis: A Survey," 2014, Acedido: 24 de novembro de 2023. [Online]. Disponível: http://sentiwordnet.isti.cnr.it/

[36]   B. Pang, L. Lee e S. Vaithyanathan, "Thumbs up? Sentiment Classification using Machine Learning Techniques", em *Actas da Conferência de 2002 sobre Métodos Empíricos no Processamento de Linguagem Natural, EMNLP 2002*, 2002.

[37]   M. Al-Smadi, M. Al-Ayyoub, Y. Jararweh e O. Qawasmeh, "Enhancing Aspect-Based Sentiment Analysis of Arabic Hotels' reviews using morphological, syntactic and semantic features", *Inf Process Manag,* vol. 56, n.º 2, pp. 308-319, Mar. 2019, doi: 10.1016/J.IPM.2018.01.006.

[38]   N. Zainuddin e A. Selamat, "Sentiment analysis using Support Vetor Machine," in *I4CT 2014 - 1st International Conference on Computer, Communications, and Control Technology, Proceedings*, 2014. doi: 10.1109/I4CT.2014.6914200.

[39]   L. Vega e A. Mendez-Vazquez, "Dynamic neural networks for text classification", em *Proceedings - 2016 International Conference on Computational Intelligence and Applications, ICCIA 2016*, 2016. doi: 10.1109/ICCIA.2016.15.

[40]   D. Sharma, M. Sabharwal, V. Goyal, e M. Vij, "Sentiment analysis techniques for social media data: A review," in *Advances in Intelligent Systems and Computing*, 2020. doi: 10.1007/978-981-15- 0029-9_7.

[41]   M. Unnisa, A. Ameen, e S. Raziuddin, "Opinion Mining on Twitter Data using Unsupervised Learning Technique," *Int J Comput Appl*, vol. 148, no. 12, 2016, doi: 10.5120/ijca2016911317.

[42]   L. R. C. Pessutto, D. S. Vargas e V. P. Moreira, "Agrupamento de aspetos multilingues para análise de sentimentos", *Knowl Based Syst*, vol. 192, 2020, doi: 10.1016/j.knosys.2019.105339.

[43]   N. C. Dang, M. N. Moreno-Garcia e F. De la Prieta, "Sentiment analysis based on deep learning: Um estudo comparativo", *Electronics (Switzerland)*, vol. 9, no. 3, 2020, doi: 10.3390/electronics9030483.

[44]   C. C. Aggarwal, *Redes Neurais e Aprendizagem Profunda*. 2018. doi: 10.1007/978-3-319-94463-0.

[45] O. Araque, I. Corcuera-Platas, J. F. Sanchez-Rada e C. A. Iglesias, "Enhancing deep learning sentiment analysis with ensemble techniques in social applications", *Expert Syst Appl*, vol. 77, 2017, doi: 10.1016/j.eswa.2017.02.002.

[46] A. M. Ramadhani e H. S. Goo, "Twitter sentiment analysis using deep learning methods," in *Proceedings - 2017 7th International Annual Engineering Seminar, InAES 2017*, 2017. doi: 10.1109/INAES.2017.8068556.

[47] K. P. Murphy, "Naive Bayes classifiers".

[48] A. L. Berger, V. J. Della Pietra, e S. A. Della Pietra, "A Maximum Entropy Approach to Natural Language Processing," *Computational Linguistics*, vol. 22, no. 1, 1996.

[49] A. S. Nugroho, A. B. Witarto, e D. Handoko, "Support Vetor Machine-Teori dan Aplikasinya dalam Bioinformatika 1," 2003, Acedido: 24 de novembro de 2023. [Online]. Disponível: http://asnugroho.net

[50] S. Kiritchenko, X. Zhu, e S. M. Mohammad, "Sentiment analysis of short informal texts," *Journal of Artificial Intelligence Research*, vol. 50, 2014, doi: 10.1613/jair.4272.

[51] M. Wankhade, A. C. S. Rao e C. Kulkarni, "A survey on sentiment analysis methods, applications, and challenges", *Artif Intell Rev*, vol. 55, n.º 7, 2022, doi: 10.1007/s10462-022-10144-1.

[52] A. F. Anees, A. Shaikh, A. Shaikh, e S. Shaikh, "Survey Paper on Sentiment Analysis: Techniques and Challenges," *EasyChair*, 2020.

[53] C. Wu, L. Shen, e X. Wang, "A new method of using contextual information to infer the semantic orientations of context dependent opinions," in *2009 International Conference on Artificial Intelligence and Computational Intelligence, AICI 2009*, 2009. doi: 10.1109/AICI.2009.406.

[54] T. C. Peng e C. C. Shih, "An unsupervised snippet-based sentiment classification method for Chinese unknown phrases without using Reference Word Pairs," in *Proceedings - 2010 IEEE/WIC/ACM International Conference on Web Intelligence and Intelligent Agent Technology - Workshops, WI-IAT 2010*, 2010. doi: 10.1109/WI-IAT.2010.229.

[55] T. Han, C. Liu, W. Yang e D. Jiang, "Uma nova estrutura de aprendizagem adversária em rede neural convolucional profunda para diagnóstico inteligente de falhas mecânicas", *Knowl Based Syst*, vol. 165, 2019, doi: 10.1016/j.knosys.2018.12.019.

[56] M. R. R. Rana, A. Nawaz, e J. Iqbal, "A survey on sentiment classification algorithms, challenges and applications," *Ata Universitatis Sapientiae, Informatica*, vol. 10, no. 1, 2018, doi: 10.2478/ausi- 2018-0004.

[57] J. Sankhe, K. Batavia, H. Borse, e S. Sharma, "SURVEY ON SENTIMENT ANALYSIS," *International Research Journal of Engineering and Technology*, 2022, Accessed: Nov. 30, 2023. [Online]. Disponível: www.irjet.net

[58] M. Kaur, R. Verma, e S. Ranjan, "Political Leaders' Communication: A Twitter Sentiment Analysis during Covid-19 Pandemic," *Jurnal The Messenger*, vol. 13, no. 1, 2021, doi: 10.26623/themessenger.v13i1.2585.

[59] R. Kaur e S. Ranjan, "Sentiment Analysis of 21 days COVID-19 Indian lockdown tweets", *International Journal of Advance Research in Science and Engineering*, vol. 9, no. 7, 2020.

[60] J. Sankhe, K. Batavia, H. Borse, and S. Sharma, "SURVEY ON SENTIMENT ANALYSIS," *International Research Journal of Engineering and Technology*, 2022, [Online]. Disponível: www.irjet.net

[61] S. J. and Dr. K. U., "Comparison of Sentiment Analysis on Online Product Reviews Using Optimised RNN-LSTM with Support Vetor Machine," *Webology*, vol. 19, no. 1, 2022, doi: 10.14704/web/v19i1/web19256.

Printed by Books on Demand GmbH, Norderstedt / Germany